JN409847

세계 속의
한국사

세계 속의
한국사

펴낸날 1판 1쇄 2015년 8월 25일
1판 2쇄 2016년 7월 25일
지은이 홍성화·권만용·이도남
펴낸이 송희영
펴낸곳 건국대학교출판부

등록 / 제 4-3 호(1971. 6. 21.)
주소 / 05029, 서울특별시 광진구 능동로 120
전화 / (02)450-3891~3
팩스 / (02)457-7202
홈페이지 / http://press.konkuk.ac.kr
e-mail / press@konkuk.ac.kr

책임편집 임경희
찍은곳 네오프린텍주식회사
정가 15,000원

ⓒ 홍성화 외, 2015

ISBN 978-89-7107-591-3 93910

* 이 책의 전부 또는 일부를 재사용하려면 저자와
건국대학교출판부 양쪽의 서면상 동의를 받아야 합니다.
* 잘못된 책은 구입하신 곳에서 바꾸어 드립니다.

이 도서의 국립중앙도서관 출판예정도서목록(CIP)은 서지정보유통지원시스템 홈페이지(http://seoji.nl.go.kr)와 국가자료공동목록시스템(http://www.nl.go.kr/kolisnet)에서 이용하실 수 있습니다. (CIP제어번호 : CIP2015022325)

홍성화 · 권만용 · 이도남

건국대학교출판부

■ 머리말

왜 역사를 배워야 하는가

가끔 학생들로부터 "고등학교 때도 배우지 않았던 역사를 왜 대학에 와서까지 배워야 하나요?"라는 질문을 받을 때가 있다. 다른 말로 하면 "요즈음 같이 취업에 매달리면서 전공 공부를 하는 것만으로도 벅찬데 왜 쓸데없이 교양 과목으로 역사를 공부하는 데 시간을 허비해야 하는가?"라는 질문일 것이다.

이는 교육 과정이 바뀌어 고등학교에서 역사 수업을 받는 시간이 현저히 줄었거나 어떤 경우에는 아예 배우지 않는 상황도 있기 때문에 생긴 현상일 것이다. 만약 역사 과목의 수업을 들었다 하더라도 단순히 역사적 사실을 암기하기에만 급급하여 달달 외워 시험문제를 푸는 형국이었기 때문에 왜 역사를 배워야 하는가에 대한 의미를 제대로 음미하지 못한 탓이리라.

그러나 역사라는 것은 쓸데없이 달달 암기하는 공부가 아니다. 역사는 그 안에 정치, 경제, 사회, 문학, 예술, 사상 등 그동안 우리 인간이 살아왔던 삶이 담겨 있는, 인간에 대해 총체적으로 배우는 학문이라고 할 수 있다. 그렇기 때문에 취업, 전공 공부를 제대로 하기 위해서는 인간의 삶을 이해하는 역사 공부가 우선적으로 필요하다. 작금에 회자되고 있는 소위 '융복합적 학문'의 기본이 바로 역사인 것이다.

그래서 존 로크John Locke는 "역사는 그 어느 공부보다 더 즐겁고 가장 많은 것을 가르쳐 준다"고 하였으며 필립 시드니Philip Sidney도 "역사야말로 도덕, 정치, 군사 등 향후 당신의 판단에 근거가 될 최선의 지침을 제공한다"고 이야기했다.

즉, 과거의 역사를 공부함으로써 현재, 미래에 우리가 나가야 할 방향에 대한 교훈과 지침을 얻을 수 있다는 것이다. 현 시점에서 우리가 어디에 서있는지를 돌아보면서 우리가 귀감龜鑑으로 삼아야 할 것들은 지켜나가고 또 잘못된 역사에 대해서는 앞으로 절대로 그러한 일이 있어서는 안 된다는 반성을 통해야만이 우리는 성숙한 존재로 거듭날 수 있을 것이다.

그렇기 때문에 우리는 올바른 역사를 배워야 한다. 잘못된 인식에 기반한 역사는 현재와 미래에 그릇된 행동을 이끌 수 있기 때문이다. 따라서 역사는 진실된 사실에 대한 구명究明과 올바른 사관의 정립을 필요로 하며 그러한 의미에서 이 책에서는 우리 역사에 나타나는 사실史實들을 세계사적인 관점에서 보편성과 특수성을 찾아 체계적으로 서술하려고 노력하였다.

근래 들어 '임나일본부설', '동북공정', '독도문제' 등 주변 국가들의 우리 역사에 대한 왜곡 문제가 심상치 않다. 글로벌을 지향하는 시대에 있어서 우리 역사에 대한 주변국의 편향된 시각은 하루 빨리 시정되어야 할 것이다. 따라서 이 책에서는 우리 역사를 바라보고 있는 다양한 시각들에 대해 살펴보고 이들의 문제점과 우리의 자세 및 해결 방안을 찾고자 하였다.

또한 건국대 글로컬캠퍼스가 위치하고 있는 충주는 유적의 출토에서부터 시작하여 고대, 중세, 근대에 이르기까지 우리나라 역사의 중심 무대에 있었던 곳이다. 하지만 의외로 충주에 대한 역사와 문화가 잘 알려져 있지 않다. 역사 공부는 책상머리에 앉아 너스레를 떨면서 달달 외우는 것이 아니라 직접 역사의 현장에서 그 흔적을 되새기는 작업이다. 따라서 항상 우리 역사의 중심 무대에서 활약했던 충주의 역사에 대해 돌아봄으로써 우리 학생들의 지역에 대한 관심과 현장을 통하여 역사에 대한 이해를 높일 수 있는 계기가 될 수 있을 것으로 기대한다.

아무쪼록 이 책이 대학의 교양 과목 교재로서 뿐만이 아니라 올바른 역사를 이해할 수 있는 일반인의 교양서로 자리 매김 되기를 바라며, 아직 곳곳에 미흡함이 있을 수 있지만 향후 개정을 통해 보완해 나갈 수 있을 것으로 생각한다.

그동안 이 책이 나오기까지 애써주신 이도남, 권만용, 이창섭, 유동호 건국대학교 글로컬캠퍼스 역사 선생님들께 특별히 감사를 드리며 건국대출판부 관계자 분들께도 심심한 감사의 말씀을 드린다.

2015년 7월

집필자를 대표하여 홍성화 씀

차 례

3장 고려시대

4장 조선시대

5장 근대사회

6장 현대사회

1장

선사시대와 국가의 형성

1 선사시대

지구상에 인류가 처음으로 나타난 것은 지금으로부터 200만~300만 년 전으로 알려져 있다. 이때부터 문자로 기록을 남긴 역사歷史시대 이전까지의 시기를 선사先史시대라고 한다. 선사시대는 기록이 없었기 때문에 이 시대 인류의 생활 양태는 고고학적 유물과 유적의 분석을 통해 살펴볼 수밖에 없다. 따라서 선사시대는 인류가 사용한 도구에 따라 시대를 분류하고 있다.

1) 구석기 시대

한반도에 사람들이 살기 시작한 것은 지금으로부터 약 70만 년 전부터였다. 대체적으로 동물의 뼈나 뿔로 만든 도구와 뗀석기를 가지고 수렵과 채집을 하면서 생활하였기 때문에 구석기 시대라 일컫는다. 구석기 시대에는 한반도의 경우 중국과 한반도 및 일본열도가 육지로 연결되어 있었다. 그러다가 이후 약 1만 년 전에 있었던 큰 지각 변동으로 한반도가 생기고 일본열도가 대륙에서 분리되었는데, 이때까지를 구석기 시대라고 한다.

구석기인들은 동굴과 바위 그늘 또는 강가에서 막집을 짓고 살았으며 아직 습지나 늪지에 있던 식물들을 뗀석기로 거두어들이는 재배 이전의 단계였다. 구석기 후기에 이르러서는 석회암이나 동물의 뼈 또는 뿔 등을 이용해 조각품을 만들기도 했다.

우리나라에서는 일제 강점기에 두만강가 종성 동관진에서 처음으

지경동
동관진
굴포리
장덕리
승리산
굴재덕
대현동
만달리
검은모루
해상
장흥리
주월리
전곡리
금파리
호평
강릉심곡리
병산리
점말동굴
상시리
삼리
송두리
금굴
명오리,창내
석장리
소로리
두루봉 동굴
수양개
미암리
금릉동,용탄동
진그늘
고레리
새터
옥과
임불리
죽내리
중동
화순대전
죽산
내촌리
빌레못
한데유적
동굴유적

우리나라의 구석기 유적

로 구석기 유적으로 발견되었으나 식민사관에 의한 그릇된 논리로 인해 그 의미가 부정되기도 하였다. 이후 1963년에 함경북도 웅기 굴포리 유적이 발견되고 1964년 충청남도 공주 석장리 유적이 구석기 유적으로 발견되어 우리 역사의 상한을 구석기 시대로 올려놓았다.

이후 상원 검은모루, 덕천 승리산동굴, 연천 전곡리, 청원 두루봉동굴, 제천 점말동굴, 단양 금굴 유적 등 한반도 곳곳에서 구석기 유적지가 발견되고 있다.

제천 점말동굴

평남 덕천 승리산 만달 동굴에서는 한반도 최초로 인골 화석이 출토되었으며 충북 청원 두루봉 동굴에서는 소위 흥수아이라고 부르는 인골 화석이 발견되었고 단양 상시바위그늘 유적에서도 사람 화석이 출토되었다. 또한 경기 연천 전곡리에서는 그동안 동아시아에서 발견되지 않았던 아슐리안 주먹도끼가 출토되어 동북아시아가 찍개 문화로 대표된다는 모비우스의 학설이 무너지기도 하였다.

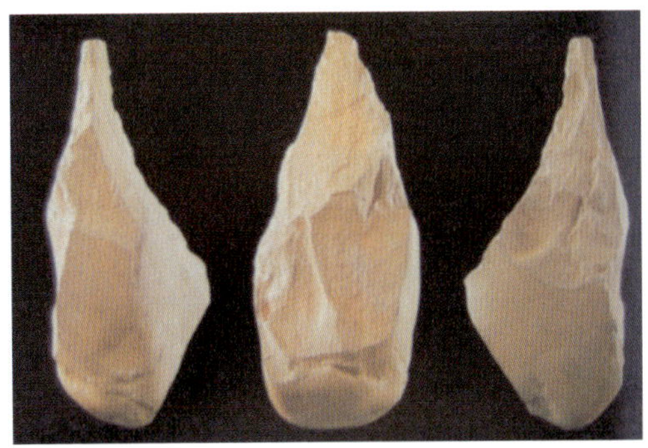

아슐리안 주먹도끼

▌충주 지역의 구석기 유적

충주 지역에서 발굴된 구석기시대 유적으로는 남한강과 달천강이 합류하는 지역인 금릉동, 용탄동 유적이 있으며 최근 호암지를 중심으로 구석기 유적이 추가로 발견되고 있다. 충주댐 수몰지역인 사기리 창내와 명오리 큰길가 등에서도 구석기 유적이 발견되어 중원 지역에서 구석기 문화가 남한강을 중심으로 광범위하게 분포하고 있었음을 알 수 있다.

충주를 중심으로 한 중원 지역에서 사냥돌, 찍개, 긁개 등 뗀석기의 구석기 유물이 출토되고 있다.

2) 신석기 시대

신석기 시대는 기후가 비교적 온난한 시기였고 해수면이 상승하여 현재와 같은 해안선이 형성되었다. 신석기인들은 뗀석기에 이어 돌을 갈아 만든 간석기를 사용하였다. 주로 물가에 움집을 짓고 살면서 고기잡이와 사냥을 했고, 정착생활을 하면서 농경을 시작하였다. 조, 피, 수수 등을 재배하고 숲이나 구릉에 불을 놓아 만든 화전火田에서 땅을 일구었다. 후기로 갈수록 동물을 가축으로 기르기 시작하였다. 주요 농기구로는 돌괭이, 돌삽, 돌보습, 돌칼 등을 사용하였다.

이들 음식을 조리하거나 저장하기 위해 흙을 빚어 만든 토기를 만들어 사용하였는데, 우리나라에서는 초기 신석기 시대에 덧무늬토기가 제작되었고 이후 신석기 시대의 대표적인 토기인 빗살무늬 토기가 사용되었다.

농경 도구나 토기의 제작 외에도 가락바퀴, 뼈바늘의 출토로 옷이나 그물을 만드는 원시적 수공업의 단계에 있었음을 알 수 있다.

이처럼 농경과 목축의 시작은 인류가 자연을 있는 그대로 이용하던 단계에서 벗어나 스스로 개발하는 단계에 이르렀던 인류사의 중대한 사건으로서 '신석기 혁명'이라고 부르기도 한다.

신석기인들은 모계혈연을 기초로 한 씨족 공동체를 이루었으며 점차 다른 씨족과 혼인을 통해 부족을 이루었다. 씨족 구성원은 아직 계급이 없는 평등한 사회로 원시공동체 사회를 이루었다.

농경과 정착생활을 하면서 농사에 큰 영향을 주는 해, 구름, 비, 바람, 물과 같은 자연에 정령이 있다고 믿는 애니미즘이 생겨났으며 사람이 죽어도 혼령은 없어지지 않는다고 생각하는 영혼불멸사상과 조상숭배사상이 나타나게 되었다. 또한 하늘과 인간을 연결시켜주는 영매로서의 무당과 주술의 힘을 믿는 샤머니즘, 자기 씨족의 기원을 특정동물과 관련짓고 동일시하는 토테미즘도 생겨나게 되었다.

예술품으로는 조개껍데기 가면, 동물을 새긴 조각품, 짐승의 뼈나 이빨로 만든 치레걸이 등이 있었다.

범의구석
서포항
토성리
농포동
미송리
세죽리
강상
신암리
남경
금탄리
궁산리
덕산리
지탑리
문암리
삼리리
오산리
교동
초당동
백령도
양수리
시도
미사리
연평도
암사동
수석리
오이도
조동리
쌍정리
후포리
둔산동
송죽리
진그늘
소흑산도
수가리
대흑산도
다대동
조도
구평리
동삼동
삼노대도
돌산
욕지도
백포리
고산리
무덤
집터+무덤
조개더미
조개더미+무덤
집터

우리나라의 신석기 유적

3) 청동기 시대

청동기 시대는 구리에 주석 등을 섞어 만든 청동이 주요한 도구로 사용되었던 시대로서 우리나라에서는 기원전 1,500년경부터 중국의 요령성과 길림성을 아우르는 만주 일대와 한반도에 걸쳐 널리 분포되었다.

청동기는 동검이나 거울, 팔주령 등 주로 주술적인 의장용으로 만들어졌다. 초기 비파형 동검과 거친무늬 거울 등의 청동제품이 후기로 가면서 한국식 동검이라고 하는 세형동검과 잔무늬거울 등의 형태로 변화, 발전되었다.

청동제품을 제작하던 거푸집이 발견되어 한반도 내에서 직접 청동기 제작이 이루어졌음을 알 수 있다. 청동기 시대의 대표적인 토기는 민무늬 토기이고 출토지에 따라 미송리식, 송국리식으로 분류되고 있다. 주요한 생산 도구는 여전히 간석기였으나 전보다 다양하고 개선되어 발달된 모습을 보였다.

농업의 생산과 청동기 문화가 발달하게 됨에 따라 경제적 우열이 나타나고 무력의 격차도 커져 정복활동에 따른 사회의 분화는 더욱 확대되었다. 전문 장인이 출현하였으며 사유재산과 계급이 나타나게 되었다.

이러한 상황은 청동기 시대에 우리나라 전역에 걸쳐 고인돌이라는 무덤 양식이 만들어졌다는 사실에서 엿볼 수 있다. 고인돌은 거석문화의 한 표본으로 우리나라에만 4만 여기가 있어 세계에서 밀집도가 가장 높다. 이러한 특수성으로 인해 우리나라의 고인돌이 유네스코 세계문화유산으로 지정되었다.

강화 고인돌

■ 충주 조동리 선사 유적

조동리 유적은 중원지역에서는 드물게 신석기, 청동기시대 문화층이 잘 발달되어 있던 곳이다. 3차에 걸친 조사결과 신석기층에서 불땐자리(爐址) 1기와 유물포함층이, 청동기층에서는 집터 9기, 불땐자리 49기, 움(竪穴) 18기, 도랑(溝)유구 7기, 돌무지 유구 1기 및 근대의 우물 1기, 불땐자리 1기 등 모두 87기의 유구가 조사되었다.

이러한 다양한 유구와 많은 출토 유물상으로 볼 때 청동기시대에 조동리 일대에 대규모 취락을 형성하고 활발한 생산경제활동이 있었음을 알 수 있다.

조동리 유적의 대표적인 유물은 붉은굽잔토기로서 겉면에 산화철을 바르고 길고 가는 굽다리의 내부에 원통형 구멍이 뚫려 있으며 배가 부른 몸통 모습을 보이고 있다.

한편, 신석기층의 불땐자리가 6,200bp로, 청동기층의 집터가 2,715bp, 불땐자리가 2,995bp로 측정되어, 약 7천 년 전 처음 신석기인이 조동리에 와서 살았고, 약간의 공백 상태로 있다가 약 3천 년 전부터 다시 청동기인이 와서 농경 생활을 하며 살았던 것으로 보인다.

울산 반구대 바위그림에는 고래, 거북, 사슴, 호랑이, 새 등의 동물이 새겨져 있어 당시 사냥과 고기잡이, 가축사육 등을 통해 풍성한 수확을 바라는 마음과 활기찬 생활모습을 보여주고 있다.

또한 고령 양전동 알터 바위그림에는 동심원, 십자형, 삼각형 등의 기하학적인 무늬가 새겨져 있어 태양숭배와 풍요를 바라는 농경 사회의 생활상을 짐작할 수 있다.

2 고조선과 여러 나라의 성립

1) 단군신화와 고조선

청동기 문화가 발전하면서 요동 및 만주지방과 대동강 유역 등 한반도 북부를 아우르는 넓은 지역을 중심으로 우리나라 최초의 국가인 고조선이 건국되었다. 현재 고조선 초기의 중심지를 중국 요령 일대와 평양 일대로 보는 견해가 대립하고 있지만, 탁자식 고인돌과 비파형 동검의 분포 등을 통해 요동 지역에서 건국되어 후기에 한반도 북부에서 성장한 것으로 추정하기도 한다.

『삼국유사』의 기록에 따르면 고조선은 지금으로부터 2000년 전 단군왕검이 아사달에 도읍을 정하고 새로이 나라를 세웠다고 한다.

『삼국유사』에는 「고기古記」에 의거하여 고조선이 성립되는 과정을 단군신화의 형식으로 기술하고 있다. 단군신화의 내용 중 환인의 아들

환웅이 풍백, 우사, 운사를 거느리고 태백산에 내려와 곡식, 수명, 질병, 형벌, 선악 등 인간의 360여 가지의 일을 주관하며 다스렸다는 내용을 통해 당시는 농경사회였으며 이들 부족이 하늘의 자손임을 내세워 자기 부족의 우월성을 과시했다는 것을 알 수 있다.

또한 단군신화에 나오는 곰과 호랑이는 이전부터 그 지역에 살고 있던 선주민 집단을 상징하는 것으로 보이며 이후 환웅의 무리가 곰 집단과 혼인을 맺어 연합하는 모습을 보여주고 있다. 이들이 낳은

▮삼국유사 고조선조

옛날에 환인(桓因)의 서자 환웅(桓雄)이란 이가 있어 자주 천하를 차지할 뜻을 두었다. 그리하여 사람이 사는 세상을 탐내어 구하는 것이었다. 그 아버지가 아들의 뜻을 알아차려 삼위태백산을 내려다보니 인간들을 널리 이롭게 해줄만 했다. 이에 환인은 천부인(天符印) 세 개를 환웅에게 주어 인간의 세계를 다스리도록 했다. 환웅은 무리 삼천 명을 거느리고 태백산 마루턱에 있는 신단수(神檀樹) 밑에 내려왔다. 이곳을 신시(神市)라 한다. 그리고 이 분을 환웅천왕이라고 이른다. 그는 풍백, 우사, 운사를 거느리고 곡식, 수명, 질병, 형벌, 선악 등을 주관하고 모든 인간의 360여 가지 일을 주관하여 세상을 다스리고 교화하였다. 이때 호랑이 한 마리와 곰 한 마리가 같은 굴 속에서 살고 있었는데 그들은 항상 환웅에게 빌어 사람이 되길 원했다. 이때 환웅이 신령스러운 쑥 한 줌과 마늘 스무 개를 주면서 말하기를 '너희들이 이것을 먹고 백일 동안 햇빛을 보지 않으면 곧 사람이 될 것이다' 했다. 곧 곰과 호랑이가 이것을 받아먹고 삼칠일 동안 기(忌)하니 곰은 여자의 몸으로 변했으나 호랑이는 기(忌)를 잘못해서 사람의 몸으로 변하지 못했다. 웅녀(熊女)는 혼인해서 같이 살 사람이 없었으므로 날마다 신단수 밑에서 아기 배기를 축원하였다. 환웅이 잠시 거짓 변하여 그와 혼인했더니 이내 잉태해서 아들을 낳았다. 그 아기의 이름을 단군왕검(檀君王儉)이라 한 것이다. 단군왕검은 요임금이 즉위한 지 50년인 경인년에 평양성에 도읍하여 비로소 조선이라고 불렀다.

단군왕검檀君王儉은 그가 제정일치祭政一致의 지배자였음을 알려주고 있다.

2) 고조선의 발전과 변천

고조선은 기원전 3세기경 부왕, 준왕 등 강력한 권력을 가진 왕이 등장하여 왕위가 세습되고 상, 대부, 장군 등의 관료 조직이 마련되었다. 또한 왕권이 강화되어 중국의 연燕과 대립할 정도로 강해졌다. 중국이 전국 시대 이후 혼란에 휩싸여 유이민들이 대거 고조선으로 넘어오게 되자 고조선은 그들을 서쪽 지역에 살게 하였다.

그 뒤 진秦, 한漢 교체기에 또 한 차례의 유이민 집단이 이주해왔는데 그중 위만은 상투를 틀고 오랑캐 옷을 입고 1,000여 명의 무리와 함께 고조선에 들어왔다. 고조선의 준왕은 위만에게 서쪽 변경지대를 주고 그 지역 주민을 다스리도록 하였으나 기원전 194년경 위만은 준왕을 몰아내고 왕검성으로 들어가 고조선의 왕이 되었다. 패배한 준왕은 한반도 남쪽으로 가서 한왕韓王을 칭하였다.

고조선의 사회상을 알려주는 것으로 8조의 법이 있는데, 그중 현재 3개조만이 알려져 있다. 사람을 죽인 자는 곧 죽이고 남에게 상처를 입힌 자는 곡물로 갚으며 도둑질한 자는 노비로 삼되 그 죄를 면하려면 50만을 내야 한다(한서). 이를 통해 당시 사회에 권력과 경제력 차이가 생겨 사유재산을 중요시했고 노비제도와 형벌제도가 있었음을 알 수 있다.

고조선은 철기문화를 적극적으로 수용하고 한반도 남부의 진辰과 중국의 한이 직접 교역하는 것을 막고 중계무역을 하면서 경제적 이익을 얻었다.

이에 불안을 느낀 한 무제는 대군을 보내 고조선의 수도인 왕검성을 공격하였으며 우거왕이 약 1년 동안 저항하였으나 기원전 108년경 멸망하였다.

고조선이 멸망하자 한은 고조선의 일부 지역에 군현을 설치하고 지배하였지만 토착주민의 강한 반발에 부딪혀 진번, 임둔은 설치된 지 20여 년 만에 폐지되었고 몇 년 안 되어서 현도군도 고구려에 쫓겨 서쪽으로 옮겨갔다. 낙랑군은 고구려가 성장함에 따라 점차 축소되어 313년 고구려의 공격으로 멸망하였다.

3) 여러 나라의 성장

한 군현에 대한 저항은 토착민 집단의 결합과 정치력을 발전시키는 계기가 되었으며 부여, 고구려, 옥저, 동예, 삼한 등의 여러 나라가 성장하였다. 특히 『삼국지』 위지 동이전에는 이들 나라에 대한 기록을 간략하게 전하고 있다.

부여는 송화강 유역을 토대로 성장하였으며 국왕 밑에 마가, 우가, 저가, 구가가 있어 제가는 4출도를 다스렸다. 세습적인 국왕이 존재하였지만 대가들은 여전히 독립적인 세력을 유지하고 있었다. 특산물로는 말, 주옥, 모피 등이 있었고 순장과 형사취수제의 풍습이 있었다. 영고라는 제천행사를 거행하였다.

압록강 중류에는 기원전 4세기경 예맥이라고 불리던 세력이 자리 잡고 있었으며 기원전 1세기경 고구려가 현도군을 몰아내고 성장하였다. 5부족 연맹으로 왕 아래 상가, 고추가 등의 대가와 사자, 조의, 선인 등의 관리가 있었다. 데릴사위제(서옥제), 형사취수제의 풍습이

삼국지 동이전의 여러 나라들

있었고 동맹이라는 제천행사를 거행하였다.

옥저는 통일된 군왕이 없이 마을 지도자로 삼로가 있었으며 비옥한 토지와 해산물이 풍부하여 고구려에 소금, 어물을 공납하였다. 민며느리제와 가족공동무덤(골장제)의 풍습이 있었다.

동예는 대군왕이 없이 읍군, 삼로가 다스렸으며 특산물로 단궁, 과하마, 반어피 등이 있었다. 족외혼과 책화의 풍습이 있었으며 무천이라는 제천행사를 거행하였다.

삼한은 마한의 목지국이 삼한을 주도하였으며 지배자 중에 세력이 큰 것은 신지, 견지, 작은 것은 읍차, 부례라 칭하였다. 정치적 지배자인 군장과 소도를 관할하는 천군으로 제정분리 단계에 있었다. 철제농기구를 사용하여 벼농사가 발달하였으며 변한의 철은 낙랑과 왜로 수출되었다. 두레조직을 통해 공동작업을 하였으며 5월과 10월에 계절제를 지냈다.

▌충주 청동유물

2015년 1월, 충주 호암동 일원의 종합스포츠타운 건설 현장에서 기원전 2세기~1세기경 초기 철기시대의 돌무지나무널무덤이 발견되었다. 이 무덤에서 청동세형동검 7점, 청동잔무늬거울 1점, 청동투겁창 3점, 청동 꺽창 1점, 청동 도끼 1점, 청동 새기개 4점, 청동 끌 2점 등 19점의 국보급 청동유물이 무더기로 출토되었다.

이러한 청동 유물은 수량과 종류 면에 있어서 단일 무덤 출토품으로는 국내 최대 수준으로 당시 충주를 중심으로 형성된 강력한 세력이 있었음을 보여주고 있다.

충주 청동유물

참고문헌

국사편찬위원회, 『국역 중국정사조선전』, 1986

김원룡, 『한국고고학개설』, 일지사, 1986

김철준, 『한국고대사회연구』, 지식산업사, 1975

노태돈, 『단군과 고조선사』, 사계절, 2000

송호정, 『한국고대사 속의 고조선사』, 푸른역사, 2003

윤내현, 『한국고대사신론』, 일지사, 1986

이융조, 「우리의 구석기 연구 반세기」, 『韓國學報』21-4, 1995

이융조, 우종윤, 『중원지역의 구석기 유적』, 충북대학교 박물관, 2005

최몽룡, 『한국 청동기·철기시대와 고대사회의 복원』, 주류성, 2008

忠北大學校 博物館, 『忠州 早洞里 先史遺蹟 1·2次 調査報告』, 2001

2장

고대사회

1 삼국의 성립과 발전

1) 고구려

기원전 4~3세기경 철기문화의 보급과 이에 따른 생산력의 증대로 인해 일정한 범위의 계곡이나 하천 유역의 마을을 규합한 유력한 세력 집단이 생겨나기 시작했다. 이후 혼강渾江을 중심으로 한 세력 집단이 연합하여 고구려를 형성하고 기원전 75년에 현도군을 요동 지역으로 몰아냈다.

5부 연맹체를 이룬 고구려는 초기 소노부消奴部가 맹주권을 장악하다가 부여에서 내려온 주몽朱蒙, 鄒牟이 졸본 지역에 세력을 키우면서 주도권을 장악하였다.

졸본에서 출발하여 주변 소국을 통합했던 고구려는 1세기 초 압록강 중류의 국내성으로 천도하면서 그 기반을 닦아나갔다.

1세기경 태조왕은 옥저, 동예 등 주변 소국을 점령하고 중국의 요동군과 현도군을 공격하는 등 정복활동을 활발히 전개하였다. 이에 따른 군사력과 경제력을 토대로 왕권이 강화되어 왕위가 독점적으로 세습되었고 중앙정부의 통제가 강화되었다.

4세기 들어 고구려는 낙랑군을 병합하고 요동으로 진출하는 등 중국세력을 몰아내는 성과도 있었지만, 고국원왕 때는 전연으로부터 수도가 불타는 수모를 당하기도 했고 급기야 백제 근초고왕 부자의 공격을 받아 평양성에서 전사하는 위기를 맞기도 하였다.

이후 소수림왕은 통치의 기본이 되는 율령을 반포하고 교육기관인 태학을 설립하였으며 전진으로부터 불교를 수용하는 등 적극적으로 국가체제를 정비하였다.

이후 고구려는 광개토왕 때부터 대외팽창을 꾀하였다. 광개토왕은 396년 백제를 공격하여 아신왕의 항복을 받아내었으며 이후 백제와 연합한 왜가 신라에 침입하자 기병·보병 5만을 보내 신라를 구원하였다. 또한 북으로 후연을 공격하여 요동지역을 장악하였으며 거란과 동부여를 굴복시킴으로써 고구려의 영역을 크게 팽창시켰다.

▌광개토왕비(廣開土王碑)

고구려의 초기 수도인 중국 지린성(吉林省) 지안현(集安縣)에 있는 4면비로서 장수왕에 의해 414년 건립되었다. 이 비는 광개토왕의 훈적을 명기하고 후세인에게 보이기 위한 목적으로 세워졌으며 이 비문에 나타나는 영락(永樂)라는 글자를 통해 광개토왕시대에 연호를 사용하였다는 것을 알 수 있다.

비문은 내용상으로 고구려 시조 추모왕(鄒牟王)의 고사로부터 광개토왕의 왕위계승을 간략하게 다룬 부분과 광개토왕이 수행했던 정복활동의 부분, 그리고 광개토왕릉을 안전하게 수호하기 위해 개편되었던 수묘제(守墓制)의 세 부분으로 나뉜다.

특히 영락 5년(395년)에 비려를 정벌하고 영락 6년(396년)에는 백제를 공격하였으며 영락 10년(400년)에는 5만 군대를 파견해 신라 영토 안에 들어와 있던 가라와 왜(倭)의 세력을 내쫓았던 것을 구체적으로 기록하고 있다. 또한 영락 14년(404년)에는 대방계(황해도) 지역까지 쳐들어온 왜를 궤멸시켰으며 영락 20년(410년)에는 동부여를 공략했던 정복활동이 기재되어 있다.

세월이 지남에 따라 비문에 판독이 불가능한 부분이 있어 비문의 해석에 대해서는 논란이 있다. 특히 '百殘新羅舊是屬民由來朝貢而倭以辛卯年來渡海破百殘□□□羅以爲臣民'의 구절이 대표적인 사례로서 이를 통해 일본에서는 소위 임나일본부설을 합리화하는 견해도 있었다. 하지만, 광개토왕비문은 고구려와 백제의 대립 구도 속에서 고구려의 입장에서 쓰인 것이기 때문에 이를 통해 임나일본부설의 증거로 삼는다는 것은 타당하지 않다.

한때 임나일본부설에 대한 비판으로 초기 탁본을 입수했던 사코(酒匂景信) 등 일본의 육군참모본부가 비문을 조작했다는 설도 제기되었지만 최근 원석탁본이 확인되어 비문조작설은 부정되고 있다.

광개토왕비

장군총

장수왕은 427년 수도를 국내성에서 평양으로 옮겼으며 이를 통해 안으로는 국내성에 기반을 가진 귀족 세력들을 약화시켜 왕권을 강화할 수 있었고 밖으로는 남진 정책을 추진함으로써 백제나 신라에 큰 위협을 주었다. 이에 백제는 신라를 끌어들여 동맹을 하였지만, 475년 장수왕은 백제 수도 한성을 함락하였으며 이로 인하여 백제의 개로왕은 죽임을 당했다.

▮충주 고구려비

한반도에 있는 유일한 고구려 비석으로 1979년 충북 충주시 입석마을에서 발견되었다. 현재 고구려의 남하정책을 기념하기 위해 장수왕 때 세운 것으로 보고 있다. 4면비로 추정되지만, 판독되는 글자가 200여 자에 불과하다.

비문에서는 고구려왕을 '고려대왕(高麗大王)'이라고 칭하고 있으며, 신라를 동이(東夷), 신라왕을 매금(寐錦)이라 지칭하고 '신라토내당주(新羅土內幢主)'라는 표현으로부터 고구려군이 신라의 영토에 주둔하며 영향력을 행사했다는 사실이 확인된다. 고모루성, 대사자 등 당시의 지명과 관직명도 기록되어 있는 등 5세기 당시 고구려와 신라와의 관계를 알려주는 중요한 사료이다.

충주 중원 고구려비

고구려의 무덤 양식을 살펴보면 초기에는 주로 돌무지무덤積石塚을 만들었으나 점차 굴식돌방무덤橫穴式石室墳으로 바뀌어 갔다.

특히 굴식돌방무덤에는 널방의 벽과 천장에 벽화를 그리기도 하여 당시 고구려 사람들의 생활, 문화, 종교를 파악할 수 있는 귀중한 자료가 되고 있다. 고분 내부 벽면에는 청룡, 백호, 주작, 현무의 그림을 그린 사신도四神圖가 나타나기도 하는데 이는 음양오행설陰陽五行說에서 비롯된 방위신으로 죽은 자의 사후세계를 지켜주기 위한 목적으로 그려졌다. 이러한 사신도는 백제에도 영향을 미쳐 공주의 송산리고분과 부여의 능산리고분의 벽화에서 찾아볼 수 있으며 일본의 다카마쓰총(高松塚)고분과 기토라고분에서도 나타나고 있다.

2) 백제

철기문화가 유입된 이후 한반도 중, 남부 지역에는 마한, 진한, 변한 등이 연맹체를 구성하였으며 그중 마한 목지국의 진왕이 삼한 전체를 대표하여 중국왕조와 교류하였다. 이후 부여 등 북방의 유이민이 남하하여 위례성을 도읍으로 삼아 백제를 건국하였다.

3세기 후반 고이왕 대에 들어서 관등제 정비, 백관의 공복 제정, 율령 반포 등을 실시하여 통치조직을 정비하였다.

4세기 근초고왕은 그의 아들인 근구수왕과 더불어 정복사업을 활발히 펼쳐 낙동강 유역의 소국을 정복하고 한반도 서남부를 정복하여 영토를 남해안까지 확대하였다. 그 여세를 몰아 평양성에 쳐들어가 고구려의 고국원왕을 사살하였다. 백제는 이 시기 한반도 내에서 가장 강성한 나라였다. 이후 침류왕 대에는 동진으로부터 불교를 받아들였다.

▌무령왕릉(武寧王陵)

1971년 공주 송산리 제6호 벽돌무덤 내부에 스며드는 유입수를 막기 위하여 후면에 배수를 위한 공사를 하면서 무령왕릉이 발견되었다. 따라서 도굴 등 인위적인 피해가 없었기 때문에 무덤 안에서는 금으로 만든 관장식, 용봉으로 장식된 큰 칼 등 모두 4,600여 점에 이르는 다량의 유물이 발굴될 수 있었다.

또한 무덤 내부에서는 백제 사마왕(斯麻王)이 62세인 계묘년(623년)에 붕(崩)하였다는 지석이 발견됨에 따라 무령왕릉은 무덤의 주인공이 정확하게 밝혀진 몇 안 되는 고대의 무덤이라는 점에서 그 의의가 크다.

벽돌무덤이라는 중국 남조 양나라 계통의 무덤 형식과 중국제 도자기, 일본산 금송(金松)을 사용한 관재 등의 존재를 통하여 당시 중국 및 일본과 활발한 교류를 전개했던 백제의 국제성과 개방성을 엿볼 수 있다.

무령왕릉

그러나 광개토왕의 공격으로 아신왕이 항복하는 등 큰 위기를 맞자 백제는 태자 전지를 왜에 보내 왜와 연합하여 고구려를 공격하기도 하였다.

이후 백제는 신라를 끌어들여 장수왕의 남하정책을 막으려 하였지만, 475년 장수왕의 공격으로 개로왕이 전사하는 등 수도 한성이 함락되어 결국 수도를 웅진(공주)으로 옮기게 된다.

동성왕, 무령왕 대에 이르러 점차 국력을 회복하기 시작한 백제는 성왕 대에 수도를 사비(부여)로 옮기고 국호를 남부여로 고치면서 중흥의 발판을 마련하였다. 이후 성왕은 신라, 가야, 왜 등과 더불어 평양성까지 진격하는 등 일시적으로 백제의 옛 지역을 수복하였지만, 신라에 의해 한강 유역을 다시 잃게 되었다. 이에 반발한 성왕은 관산성을 공격하였으나 크게 패하고 이 전투에서 전사하였다.

3) 신라

진한 12개 소국 가운데 하나인 사로국에서 시작된 신라는 박, 석, 김의 세력집단이 연합하여 나라를 이루었다.

4세기 말 내물마립간 대에는 김 씨에 의한 왕위계승권을 확립하였으며 왕의 칭호도 이사금에서 마립간으로 바꾸는 등 집권체제를 정비하였다. 특히 침입했던 왜의 세력을 물리치는 과정에서 고구려의 영향을 받게 되었으며 고구려를 통하여 간접적으로 중국과 교류를 시작하였다.

6세기 초 지증왕 대에는 국가로서의 면모를 갖추어 나라 이름도 신라로 정하고 왕의 칭호도 왕으로 바꾸었다. 또한 주변 지역을 정복하여 이사부로 하여금 우산국을 복속케 하였다.

법흥왕 대에 국가의 기본 법령인 율령을 반포하고 불교를 공인하여 사상적 통일을 기하였다.

진흥왕은 화랑도를 국가조직으로 개편하고 거칠부로 하여금 국사를 편찬케 하였으며 개국이라는 연호를 사용하였다. 백제와 더불어 고구려를 공략하여 한강 상류를 차지하고 다시 백제로부터 한강 하류 지역까지 빼앗았다. 또한 함경도 지역까지 진출하였으며 대가야를 점령하여 낙동강 유역을 확보하였다. 현재 단양적성비와 4개의 순수비를 통해 당시 진흥왕이 정복했던 영역을 가늠해볼 수 있다.

신라는 한강 유역을 확보함으로써 중국과 직접 교류할 수 있는 발판을 마련하였으며 낙동강 유역의 확보를 통해 왜와의 교류를 강화하는 등 대내외적으로 삼국의 경쟁에 있어서 주도권을 장악하는 계기가 되었다.

단양적성비

▌천마총(天馬塚)

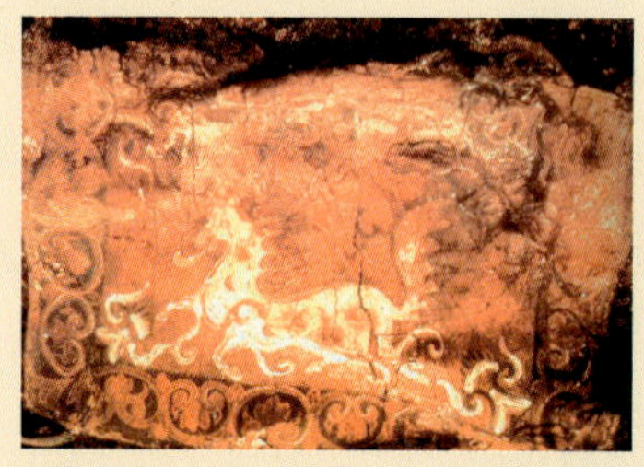

천마도

1973년 발굴 조사된 경주 대릉원 지구의 천마총은 당시 신라에서 축조되었던 돌무지덧널무덤(積石木槨墳)의 양식으로 되어 있다. 발굴 결과 유물 중에 하늘로 비상하는 천마(天馬)를 그린 채화장니(彩畵障泥)가 들어 있었기 때문에 천마총이라는 별칭을 얻게 되었다. 천마도는 자작나무 껍데기를 여러 겹으로 겹쳐서 누빈 위에 하늘을 나는 천마를 능숙한 솜씨로 그렸는데, 지금까지 회화 자료가 전혀 발견되지 않았던 고신라의 유일한 미술품이라는 데 의의가 있다.

▌호우총(壺杅塚)

호우총 호우

1946년 경주 노서동고분 발굴에서 기년명(紀年銘)이 있는 고구려산 청동호우 1점이 발견되어 호우총이라 부르게 되었다. 청동호우는 뚜껑이 있는 그릇으로 그 바닥에 '을묘년국강상광개토지호태왕호우십(乙卯年國崗上廣開土地好太王壺杅十)'이라는 16자의 명문이 새겨 있어 당시 고구려와 신라의 관계 등에 시사하는 점이 많다. 신라 내물마립간(奈勿麻立干)의 아들 복호(卜好)가 광개토대왕의 치세 시 인질로 고구려에 체재하는 등 고구려의 영향력 아래에 있을 때 신라에 도입되었을 것으로 추정된다.

2 삼국의 대외관계와 통일

1) 고구려와 수, 당의 전쟁

6세기 후반 중국이 수隋에 의해 통일되자 수나라는 중국 중심의 국제질서를 강요하여 고구려와 수의 대립은 불가피해졌다.

우선 고구려가 수의 요서 지방을 공격하자 수 문제가 고구려를 공격하였지만 대패하였다. 이후 양제가 113만의 대군을 동원하여 다시 고구려를 공격하였지만 을지문덕에게 패배하였다. 이 싸움에서 수는 막대한 피해를 입어 이에 따른 국력 소모와 농민의 반란으로 마침내 멸망하였다.

수의 뒤를 이은 당唐은 처음에는 고구려와 화친을 꾀하였으나 당 태종이 즉위하면서 고구려에게 복속을 강요하였다. 이러한 가운데

태종 무열왕릉비

고구려에서 연개소문에 의한 정변이 일어나자 당 태종은 이를 구실 삼아 고구려를 공격하였다. 당은 초기 요동성 등 몇 개의 성을 점령하기도 하였지만, 안시성 전투에서 고구려에 패하고 철수하였다.

2) 백제, 고구려의 멸망과 나당전쟁

백제는 성왕이 관산성에서 전사한 이후 여러 차례에 걸쳐 신라를 공격하였으며 고구려는 한강 유역을 회복하기 위해 신라를 공격하는 등 7세기에 이르러 고구려와 백제의 동맹이 이루어졌다.

백제의 의자왕은 신라를 공격하여 대야성(합천)을 비롯한 40여 성을 탈취하였으며 고구려와 함께 당항성(화성)을 공격하여 신라의 대당 교통로를 끊으려 하였다.

소정방의 기공문이 적혀 있는 정림사지 석탑

신라는 당과 연결을 도모하고자 김춘추를 당에 보내 나당동맹을 맺고 백제와 고구려를 정벌하기로 합의하였다. 이때 신라는 군사 지원에 대한 대가로 평양 이북의 땅을 당에게 양보하고 이후 신라는 당의 연호를 사용하면서 당의 문물과 제도를 적극적으로 수용하였다.

결국 660년 당의 소정방은 13만 대군을 이끌고 바다를 건너 백제로 진격하였고 신라는 김유신이 5만의 군대를 거느리고 백제를 공격하였다. 결국 백제는 계백이 황산벌에서 신라와 맞서 싸웠으나 나당연합군의 공격을 버티지 못하고 항복하고 말았다.

당은 옛 백제 지역에 웅진도독부를 두어 백제 유민을 통치하였다. 이후 복신, 도침 등이 왜에 가 있던 왕자 풍을 맞이하여 왕으로 추대하고 백제는 주류성과 임존성 등지에서 항전을 계속하였다. 그러나 자체 분열이 있었고 663년에는 왜의 지원군마저 백강구(백촌강) 전투에서 크게 패하여 백제는 멸망하게 되었다.

고구려는 연개소문이 죽자 집권층 사이에서 내분이 일어났다. 이를 기회로 당은 고구려를 공격하여 평양성을 포위하였고 신라도 김인문이 대군을 거느리고 평양성으로 진격하였다. 나당연합군의 공격을 받은 고구려는 분전했으나 결국 668년 성이 함락되고 패하고 말았다.

당은 평양에 안동도호부를 설치하여 옛 고구려땅을 통치하였다. 이후 검모잠과 고연무는 안승을 왕으로 추대하고 한성(황해도 재령), 요동의 오골성을 근거지로 항전하였다. 이때 당이 신라마저 영토를 삼으려는 야욕을 드러내자 신라는 고구려 부흥세력을 지원하기도 하였으며 안승은 신라의 도움을 받아 고구려왕이라는 칭호를 받고 금마저(익산)에 보덕국을 세웠다.

신라는 우선 옛 백제지역에서 당군을 몰아내고 매소성 전투의 승리

신라의 통일 전쟁

로 주도권을 장악한 후 676년 기벌포 전투에서 승리하였으며, 당 고종은 토번의 침공으로 안동도호부를 요동 지역으로 옮기면서 한반도에서 군대를 철수하였다. 이로써 신라는 당나라의 도움으로 백제와 고구려를 멸망시켰으나 당군을 한반도 밖으로 축출하여 삼국을 통일하였다. 비록 불완전한 통일이었지만 단일공동체에 의한 민족문화 형성의 기반이 되었으며 당과의 항쟁을 통해 공동체 의식을 자각하게 되었다.

만주지방에는 698년 고구려 유민들이 발해를 건국하여 이른바 남북국 시대로 접어들었다.

3 남북국시대

1) 통일신라

신라는 통일전쟁을 주도한 무열왕과 문무왕에 의해 왕의 권위가 신장되어 통일 이전 불교식의 왕명 대신에 유교식의 왕명을 사용하고 유교정치 이념을 내세웠다. 이후 무열왕 직계 자손들이 왕위를 계승하고 전제왕권을 강화하기 시작하였다.

신문왕 때에는 김흠돌 모역사건을 계기로 진골 귀족 세력을 숙청하였고 지방통치 강화를 위해 9주 5소경 체제를 확립하였다. 또한 문무관료 들에게 등급에 따라 차등을 두어 관료전을 지급하였으며 녹읍을 폐지하고 녹봉으로 바꾸어 관리가 농민에게 직접 조세를 거두어들이는 과정에서 농민에 대한 침탈을 막으려 하였다.

또한 신라는 촌을 단위로 한 민정문서인 '촌락문서'를 작성하였다. 촌락문서에는 촌의 가호 수, 인구, 토지면적, 가축의 수, 과일 나무의 수까지 통계를 내어 기록해 놓았으며 남녀를 구분하고 연령에 따라 6등급으로 나누어 작성하였다. 이를 통해 당시 국가는 백성에게 조세를 거두고 대민지배체제를 확립하였다.

◎ 5소경
발해
압록강
대동강
신라
동 해
한주
삭주
명주
북원경(원주)
중원경(충주)
황 해
웅주
상주
서원경(청주)
전주
남원경(남원)
강주
양주
금관경(김해)
무주
탐라

9주 5소경

그러나 귀족들의 반발로 경덕왕 16년(757년) 녹읍이 부활되는 등 신라 하대로 갈수록 점차 왕권이 약화되었다.

▌신라 촌락문서

신라 때 서원경(西原京: 청주) 지방 4개 촌의 촌락문서로, 당시 촌락의 경제 상황과 국가의 세무 행정을 알 수 있는 자료이다. 신라 민정문서 또는 신라장적, 정창원 문서(正倉院文書)라고도 부른다.

1933년 일본 도다이사(東大寺) 쇼소인(正倉院)에 소장된 『화엄경론(華嚴經論)』을 수리하면서 문서가 발견되었다. 이 고문서는 해서(楷書)로 씌었으며, 모두 62행으로 되어 있다.

서원경에 근접한 군에 속했을 것으로 추측되는 현의 관할 아래 있던 사해점촌(沙害漸村), 살하지촌(薩下知村), 모촌(某村)과 서원경(西原京)의 직접 관할 아래 있던 모촌(某村)의 사정이 기재되어 있다.

촌의 둘레, 연호수(煙戶數), 인구, 우마, 토지, 수목 등이 기록되어 있어 촌락의 생태를 잘 알 수 있다. 이 촌락문서는 3년간의 사망, 이동 등 변동 내용에 따른 변동이 기록된 점으로 보아 3년 만에 한 번씩 작성된 듯하다. 특히 사람은 남녀별로 구분하고, 16세에서 60세의 남자의 연령을 기준으로 나이에 따라 6등급으로 구분하여 기록하였다. 가구는 사람의 많고 적음에 따라 상상호(上上戶)에서 하하호(下下戶)까지 9등급으로 나누어 파악하였다.

신라는 삼국을 통일한 뒤 새로 확대된 경제적·사회적 기반 위에서 고구려와 백제의 문화를 통합하여 계승하고 종래 신라문화의 폭을 넓혀 민족문화의 토대를 마련하였다.

통일신라기에는 불교신앙이 널리 확산되면서 많은 절과 불상, 탑이 조성되었다. 통일신라기의 예술은 대부분 종교생활에서 나온 불교미술로서 통일신라 때처럼 종교적인 정열을 미술에 쏟은 때는 일찍이 없었다.

불국사의 다보탑과 석가탑, 석굴암의 건축과 장엄한 불상, 성덕대왕신종(에밀레종), 경주 남산의 문화유산, 화엄사의 4사자삼층석탑 등은 이 시대의 불교문화 모습을 잘 나타내주고 있다. 1966년 석가탑을 수리할 때 탑 안의 사리함에서 여러 가지 유물이 나왔는데, 그 중에서 『무구정광대다라니경』은 751년 이전에 만들어진 것으로 보여 현전하는 세계최고의 목판인쇄물로 알려져 있다.

석굴암 원형

화엄사 4사자삼층석탑

이 시기 예술은 통일과 균형의 미를 통해 불국토의 이상 세계를 실현하려는 의도를 보여주고 있다. 이러한 통일기의 예술은 주로 귀족 중심으로 발달하였는데, 진골 귀족뿐만 아니라 6두품 귀족들의 활동도 부각되었으며, 문화가 중앙에서 지방으로 확산되어 나갔다.

▌통일신라기의 충주

충주 지방은 본시 고구려의 국원성이었는데 신라가 평정하여 진흥왕이 소경을 두었다. 이로써 본격적인 5소경의 설치가 시작되었으며 통일기에는 중원경으로 개칭되었다.

충주의 탑평리 7층 석탑(일명 중앙탑)은 통일신라기의 양식을 보여주는 전형적인 석탑으로 국토의 중앙인 중원경에 호국원탑으로 설립되었던 것으로 보인다.

또한 건국대학교 부지와 연결된 단월동 일대에서는 통일신라시대의 고분이 발굴되어 인골을 비롯하여 다양한 토기와 금속 제품들이 출토되었다. 경주 지역이 아닌 충주 지역에서 전형적인 통일신라시대의 고분이 발견된 사실은 학문적으로 대단한 의의가 있다.

충주 탑평리 7층 석탑

충주 단월동 고분군
(충주 단월동 고분군 발굴조사보고서)

2) 발해

발해는 698년 고왕高王 대조영大祚榮이 고구려 유민을 중심으로 동모산東牟山(현재 중국 길림성 소재)에서 진振, 震이란 국호로 건국하였으며 당시 발해가 교류했던 여러 나라의 사료를 통해 보아도 발해는 고구려를 계승하였던 나라였음을 알 수 있다. 일본에 보낸 외교 문서에서 발해왕은 스스로 고구려왕이라 칭했고 일본도 발해를 고구려라고 불렀다.

발해는 당 및 돌궐, 거란, 남쪽의 신라, 동해 건너 일본과 개방적 대외교류를 지속하여 해동성국海東盛國으로 칭송되었다. 또한 발해는 중국과 대등한 관계에 있음을 과시하면서 인안, 대흥 등 독자적인 연호를 사용하였다. 이처럼 발해는 시호 및 연호를 사용하여 황제국가를 표방하였으며 일본과 교류한 국서를 통해서 부여와 고구려를 계승하였던 독립국가였음을 확인할 수 있다.

남쪽의 신라와는 신라도新羅道를 두어 국가교류를 하며 남북국시대를 이루어 나갔다. 발해의 정치, 종교, 교육 및 문화 제도는 고구려의 것을 바탕으로 당나라 및 주변 국가의 문물을 수용하여 발해국의 국격을 높여 나갔다.

8세기 초 무왕 때 이르러 발해왕의 국력이 신장되자 당은 흑수말갈과 연합하여 발해와 대립하게 하였다. 이에 발해의 장문휴가 당의 산둥 지방을 공격하여 대응하자 당은 신라와 연계하여 발해를 공격하였다. 그러나 추운 날씨와 발해의 완강한 저항에 부딪혀 실패하였다.

무왕의 뒤를 이은 문왕 때는 당에 안사의 난이 일어나 혼란한 틈을 타서 요동반도까지 지배 영역을 확장하였다. 당과 친선관계를 맺고 수도를 상경 용천부로 하였다가 동경 용원부로 옮기는 등 국가의 성장에 부응해 여러 차례 수도를 옮겼다.

문왕이 죽고 나서 왕위 다툼으로 잠시 혼란기에 접어들었다가 9세기 초 선왕이 이를 수습하고 발해의 중흥을 이루었다. 영토를 북쪽으로는 흑룡강, 동쪽으로는 연해주, 서쪽으로는 요하 유역까지 진출하여 최대 영토를 확보하였고 당에서도 해동성국이라 칭하였다.

그러나 9세기 말 내분으로 국력이 약화되었고 결국 926년 거란의 공격을 받아 멸망하였다.

4 주변국가의 고대사 왜곡

1) 임나일본부설

임나일본부설이란 고대 일본의 야마토 정권이 4세기 중반에서 6세기 중반까지 약 200여 년간 가야(임나) 지역을 중심으로 해서 한반도 남부를 통치했다는 일본 학계의 학설이다.

이 학설은 근대 일본이 한국을 지배하기 위한 역사적 근거로서 사용되기도 하였다. 특히 광개토왕비문의 기록과 칠지도를 『일본서기』와 연결시켜 임나일본부설의 증거로 삼기도 하였다.

현재 일본 학계에서 고대 일본의 지배기관으로서 기존의 임나일본부설을 주장하는 연구자는 없다. 하지만 어떠한 형태로든 야마토 정권의 가야 지방에 대한 영향력 행사, 한반도 남부에 대한 세력 확대 등 가야에 대한 연고권을 주장하는 흐름은 계속되고 있다.

1980년대 이후 『일본서기』에 대한 사료적 재검토가 이루어졌고 가야 지역에 대한 고고학적 발굴조사가 이루어짐에 따라 임나일본부설 연구에 대한 새로운 계기와 인식이 생기게 되었다.

일단 주요 학설을 보면 가야지역에 파견된 왜국사신설, 가야국의 대왜 외교기관설, 교역기관설, 백제에 의한 지배기관설 등이 제기되어 야마토 정권에 의한 가야 지배설이 부정되고 있다.

특히 『일본서기』에 나오는 임나일본부는 독자의 실체로 움직이는 일이 없이 532년 신라에 의해 멸망한 금관국 등을 부흥시킨다는 임나부흥회의 속에서 나타나고 있다. 『일본서기』에 의하면 왜왕이 임나부흥을 갈망하고 있지만, 회의의 주역은 백제로 되어 있으며 그들이 왜왕의 지시에 반하는 행동을 보이고 있어 고대 야마토 정권에 의한 가야 지배설과 배치되고 있다.

▌칠지도(七支刀)

1870년대 일본 나라현 텐리시 이소노카미(石上) 신궁에서 발견된 칠지도는 과거 임나일본부설을 증명하는 자료로 인식되기도 하였다. 칠지도에 새긴 글자의 내용을 살펴보면 다음과 같다.

(앞면)泰□四年十[一]月十六日丙午正陽造百練銕七支刀[帶]辟百兵宜供供侯王□□□□作

(뒷면)先世以來未有此刀百[濟]王世[子]奇生聖音故爲倭王旨造傳示後世

(앞면) 태□4년 (11)월 16일 병오(丙午)날 중에 백련철로 칠지도(七支刀)를 만들었다. 이는 백병을 물리칠 수 있는 것이므로 마땅히 후왕(侯王)에게 보내줄 만하다. □□□□가 제작한 것이다.

칠지도

(뒷면) 선세 이래로 이와 같은 칼은 없었다. 백제왕세자(百濟王世子)가 부처님의 가호로 진귀(기이)하
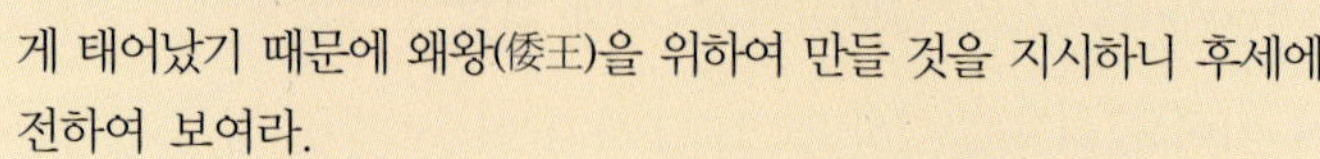
게 태어났기 때문에 왜왕(倭王)을 위하여 만들 것을 지시하니 후세에 전하여 보여라.

그동안 제일 앞에 나오는 연호를 중국 연호로 간주하여 태시(泰始)로 보느냐, 태화(泰和)로 보느냐에 따라 제작연도에 대한 여러 가지 해석이 있었다. 고대 중국의 연호 중 태시 4년은 서진(西晋)의 연호로 보면 268년, 송(宋)의 연호로 보면 468년이 있으며, 태화(泰和)라는 연호는 없고 태화(太和)라는 연호밖에 없다. 그런데도 일본 학자들은 태□를 동진의 태화(太和)라는 연호와 동일한 것으로 생각하고 있다. 泰와 太를 같은 것으로 해석했던 때문인 듯한데, 석연치 않은 해석이다.

어쨌든 이들의 주장대로 명문에 나타나 있는 시기를 동진의 연호인 태화 4년으로 본다면, 그때는 서기 369년에 해당된다. 『일본서기』에 따르면, 진구(神功) 49년에 해당하는 시기로 백제와 왜가 한반도의 남부를 점유했다는 연도와 정확하게 일치한다. 특히, 『일본서기』 진구 52년조에는 백제의 근초고왕이 사신인 구저를 통해 칠지도 1구와 칠자경 1면 및 각 종의 중보(重寶)를 바쳤다고 하는 내용이 있다. 이를 근거로 백제에서 일본에 헌상한 바로 그 칠지도로 해석하고 있는 것이다. 이처럼 칠지도의 명문은 『일본서기』 진구조에 나오는 삼한 정벌의 기사와 광개토왕비문에 나와 있는 유명한 신묘년의 기사를 기초로 고대에 일본이 한반도를 지배했다고 하는 임나일본부설의 기원으로 삼고 있는 데 이용되고 있다.

그러나 이러한 식으로 해석하는 것은 문제가 많다. 먼저 칠지도 명문에 "후세에 길이 전하여 보일지어다(傳示後世)"라는 부분은 『일본서기』의 기록대로 근초고왕이 왜왕에게 헌상했다고 보기보다는 오히려 지위가 높은 사람이 낮은 사람에게 하사하는 듯한 표현으로 씌어 있기 때문이다. 또한, 앞면의 공공후왕(供供侯王)이라는 명문도 후왕이나 제후에게 하사했다는 뜻이 강하게 느껴진다. 이와 같은 이유 때문에 백제가 일본왕에게 하사했던 칼이라는 인상을 더욱 짙게 해주고 있다.

태화라는 연호에 대해서도 태화라는 연호는 중국에 없을 뿐만 아니라, 일본에서 연호를 쓰기 시작한 것도 7세기는 되어서부터이기 때문에 백제의 연호일 수밖에 없다는 주장도 대두되었다. 실제로 명문의 연호를 살펴보면 泰라고 보기보다는 奉이라는 글자로 보이기도 한다. 따라서 백제의 연호가 사료에 남아 있지는 않지만, 고구려도 광개토왕비문에서 보듯이 4세기부터 영락(永樂)이라는 연호를 썼으며, 신라도 6세기에는 고유한 연호를 설정한 것을 참작해 보면 백제의 연호일 가능성이 크다. 특히 그동안 명문에 나타난 칠지도의 제작연월에 대해 글자를 주조하기

좋은 때라고 여겨지던 5월로 보았는데, 일본의 NHK가 촬영한 X-레이 사진 등 최근의 새로운 판독결과 '11월 16일 병오'가 확연하다. 따라서 이에 합당한 '일간지(日干支)'를 4~6세기 사이에서 찾으면 11월 16일이 병오(丙午)인 날 가운데 408년, 즉 백제 전지왕 4년이 주목된다.

이 시기는 백제가 고구려의 침공에 어려움을 겪자 왜를 끌어들여 대응했던 시기였다. 광개토왕비문에 고구려의 침공을 받은(396년) 백제가 "왜와 화통했다(百殘違誓 與倭和通)"는 기록이 있고, 『삼국사기』에는 전지왕이 왜국에 갔다가 온 기록이 있다. 따라서 칠지도는 백제가 군대를 파견해준 왜왕을 후왕(侯王)의 지위로 승인하고, 고구려와의 전쟁이라는 복잡한 국제관계에서 백제의 입지를 확고하게 굳히는 의미에서 왜국에 하사되었던 것이다. 따라서 광개토왕비문의 내용이 고구려와 백제의 대립구도 속에 고구려의 입장에서 쓰인 것으로써 이를 근거로 임나일본부설을 주장하는 것은 타당하지 않다는 것이 확인되었다.

2) 고구려사 왜곡

중국은 2002년부터 시행한 소위 동북공정 연구사업을 통해 고구려가 중국의 고대 소수 지방정권으로 중국사에 포함되어야 한다는 인식하에 고구려사 연구를 진행하였다.

고구려사를 바라보는 중국학계의 인식은 고구려가 중국의 고대 민족이 세운 중국 고대의 지방정권이며 고구려는 한사군의 현도군 고구려현 경내에서 건국했고, 427년 낙랑군 경내인 평양으로 천도했으므로 시종일관 중국 영역 내에 존재했다는 것이다. 또한 고구려는 중국왕조의 책봉을 받고 조공을 했던 중국의 지방정권으로 수·당과의 전쟁도 중국 내부의 통일전쟁으로, 중앙에 항거한 지방정권의 반란을 평정한 것이라고 주장하고 있다.

이러한 인식은 현재 중국의 '통일적 다민족국가론'을 이론적 배경으로 하고 있는 것으로서 현재의 중국 영토 안에 있는 지역들의 과거사는 모두 중국사라고 하는 자의적 역사왜곡에 근거하고 있는 것이다.

실제 고구려는 예맥족이 건국한 나라로서 고구려 스스로나 중국 역사책에서도 중국과는 별개로 인식하고 있었다. 중국정사에서는 고구려 관련 내용을 시종 외국열전外國列傳에 배치했고, 『송사宋史』 이래 고구려와 고려를 계승관계로 서술해왔다. 또한 고구려는 현도군을 몰아내는 과정에서 건국했으며, 나라를 세운 이후 한 번도 중국의 영토 안에 속했던 적이 없다.

조공·책봉의 관계에 대해서도 이는 전근대 시기 동아시아의 국제 외교형식이자 무역활동에 불과한 것으로써 조공을 하고 책봉을 받았다는 사실만으로 속국을 판단할 수는 없다. 조공·책봉의 관계를 모두 속국과 영토의 개념으로 본다면 당시 고구려뿐만 아니라 백제 등 한반도남부 국가와 왜까지도 중국의 영토라는 모순이 발생한다.

특히 고구려와 수·당 간의 전쟁은 국가 간에 일어난 국제전으로서 수·당은 중원 통일 후 동아시아 일대에 중화세계를 구현하는 데 걸림돌이 되고 있던 고구려를 정복하려고 침략전쟁을 일으켰다.

고구려 멸망 후 신라는 '일통삼한一統三韓' 의식을 통해 고구려를 계승했다는 인식을 가지고 있었으며 이러한 계승의식이 발해, 후삼국과 고려를 거쳐 오늘에까지 이어져 오고 있다. 고려는 국호에서부터 고구려 계승을 표방했고, 건국 초기부터 고구려의 수도였던 서경을 중시하면서 북진정책을 추진했다. 고려가 『삼국사기』를 펴냈다는 것은 고려 사람들이 고구려를 선대의 역사라고 여기고 있었음을 보여준다.

이에 대해 논란이 이어지자 2006년 한국 정부의 시정요구가 있었고 중국 측의 이행 화답이 있었으며 2007년 2월로 5년 계획으로 추진된 '동북공정' 프로젝트는 외견상 종료되었다.

하지만, 사업이 종료되었다고 해서 동북공정식 고구려 연구가 종료된 것은 아니다. 동북3성의 사회과학원과 대학 산하 연구소 들이 고구려 연구를 기반으로 하여 설립, 개편되고 있어 향후 동북공정식 고구려 연구는 활성화되리라고 예상된다.

3) 발해사 왜곡

현재 발해의 영역은 중국 동북 지방과 러시아 연해주, 그리고 북한에 걸쳐 있고, 발해 관련 사료도 중국을 비롯하여 일본, 한국에 남아 있어 역사 해석에 많은 이견이 도출되고 있다.

동아시아 각국은 발해사를 자국 중심적으로 해석하여 중국에서는 발해를 말갈족이 세운 당나라 지방정권으로 규정하였고, 러시아에서는 극동 소수민족이 중심이 된 독자적인 연해주 최초의 중세국가로, 또 일본은 전통적인 만선사관滿鮮史觀에 입각한 발해인식을 이어오고 있다.

특히 중국에서는 발해의 건국 주체민족이 말갈족이라고 보면서 발해 건국 이후에 당이 대조영을 발해군왕에 봉하였다는 『당서唐書』 기록을 통해 중국의 소수민족에 의한 지방 정권, 당의 지방 정권으로 인식하려는 경향이 있다.

그러나 정혜·정효 공주묘에서 출토된 묘비를 통해 발해도 연호와 황상이라는 용어를 사용했음을 알 수 있게 되었으며 길림성 화룡시 용두산 고분에서 효의황후, 순목황후의 묘지가 발굴되어 발해도 황제라는 칭호를 썼음을 알 수 있게 되었다. 또한 당시 발해가 교류했던 여러 나라의 사료를 통해 발해는 고구려를 계승하였던 나라였음을 알 수 있다.

중국의 발해사 왜곡 역시 현재 중국의 '통일적 다민족국가론'을 배경으로 하고 있다. 중국의 이러한 인식을 잘 보여주는 것이 중국 교과서의 당나라 영토 표기이다. 중국의 인민교육출판사의 역사 교과서는 발해와 토번(티벳)을 당나라의 영토로 표기하고 있다. 그러나 이는 현재의 중국 영토 안에 있는 지역들의 과거사 또한 모두 중국사로 엮으려 하는 역사왜곡으로서 같은 중화권인 홍콩이나 대만의 인식과도 차이가 있는 것이다.

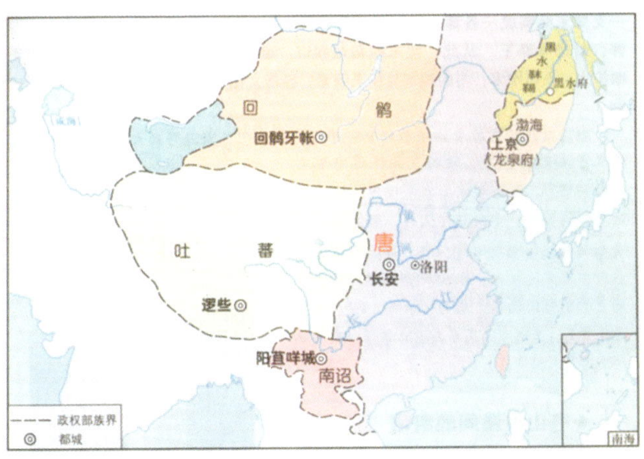

중국의 역사교과서(출처: 『중국역사』, 인민교육출판사 7년급 하책)

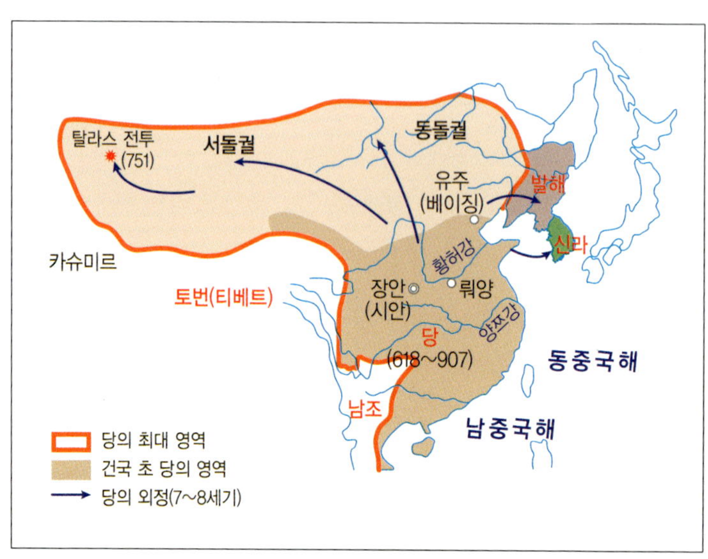

당의 성장

▌발해와 교류가 많았던 일본 측 자료를 통해 발해는 고구려를 계승한 나라였음을 알 수 있다

- 『유취국사』 "발해국은 고구려의 옛 땅이다(高麗之故地). 텐지(天智) 7년 고구려왕 고 씨는 당에 멸망했다. 그 후 문무(文武) 2년에 대조영이 발해국을 세웠다."
- 『속일본기』 "고려(高麗)의 옛 땅을 회복하고 부여의 습속을 갖고 있다(復高麗之舊居有扶餘之遺俗)."

"삼가 고려국왕(高麗國王)에게 문안한다."

5 신라 말의 혼란과 후삼국의 성립

1) 신라 말의 정치 변동

8세기 말 혜공왕이 어린 나이에 등극하자 진골귀족들의 권력다툼이 시작되었다. 최고 관직인 각간의 자리에 있었던 대공이 반란을 일으켰고 96명의 각간이 왕경과 각지에서 서로 다투어 3년을 끌었을 정도로 정치적 혼란은 계속되었다.

780년에는 상대등 김양상과 이찬 김경신이 연합하여 혜공왕을 죽이고 김양상이 선덕왕이 되었으며, 785년에는 김경신이 왕위계승자로 정해진 김주원을 밀어내고 즉위하여 원성왕이 되었다. 이후 귀족들의 다툼에 의한 왕위 쟁탈전이 치열하게 진행되었다. 혜공왕이 죽은 뒤 155년에 걸쳐 20명의 왕이 바뀌는 등 점차 왕권이 약화되었다.

지방에서도 반란이 일어나 822년에는 김주원의 아들인 웅천주 도독 김헌창이 반란을 일으켰으며, 846년에는 청해진을 설치하여 해적을 소탕하고 국제교역기반을 다졌던 장보고가 진골귀족의 견제를 받게 되자 반란을 일으켰다.

사회가 혼란해지면서 지방에서는 호족이라 부르는 새로운 세력이 등장하여 중앙정부의 통제를 벗어나 반독립적인 세력으로 성장하였다. 호족들은 성을 쌓고 군대를 보유하여 성주, 장군이라 칭하면서 그 지방의 행정권, 군사권, 경제권을 장악하였다.

당에 유학하였다가 돌아온 6두품 출신의 일부 유학생들과 선종 승려 등은 신라 골품제 사회를 비판하면서 지방의 호족 세력과 연계하여 사회 개혁을 추구하기도 하였다.

2) 후삼국의 성립

신라하대에는 농민들도 각지에서 봉기하였는데 사벌주(경북 상주)에서는 원종과 애노가 봉기하였고 죽주(경기 안성)에서는 기훤이, 북원(강원 원주)에서는 양길이 많은 농민과 유랑민을 모아 세력을 확대하였다.

이러한 가운데 상주 지방 호족 출신으로 신라 서남 지역 방위군 장군으로 세력을 키웠던 견훤이 차령산맥 이남의 충청도와 전라도 지역을 확보하고 완산주(전주)에 도읍을 정하고 900년 후백제를 세웠다.

헌안왕의 서자로 전하는 궁예는 권력다툼에 밀려난 왕족 후예로서 신라 왕실에 대한 적개심이 컸다. 초기 죽주 기훤의 무리를 거쳐 북원지방의 양길 아래 들어가 강원, 경기 일대의 중부 지방을 점령하였다. 궁예는 세력이 커지자 송악(개성)에 도읍을 정하고 901년 후고구려를 세웠다. 이후 영토가 확장되자 도읍을 철원으로 옮기면서 국호를 마진(904년)으로 하였다가 다시 태봉(911년)으로 바꾸는 등 후삼국 가운데 가장 강력한 세력으로 부상하였다.

그러나 견훤은 신라에 적대적이었고 농민으로부터 지나치게 조세를 수취하였으며 호족을 포섭하는 데 실패하는 등의 한계를 갖고 있었다.

또한 궁예는 죄 없는 관료와 장군을 살해하였으며 미륵신앙을 이용하여 전제정치를 도모하다가 백성의 신망을 잃게 되어 결국 축출되었다.

참고문헌

국사편찬위원회, 『한국사』 7, 1995

김영심, 「남한학계의 동북공정 대응논리에 대한 비판적 검토」, 『역사문화연구』 39, 2011

김철준, 『한국고대사회연구』, 지식산업사, 1975

나행주, 「6세기 한일관계의 연구사적 검토」, 『임나문제와 한일관계』, 경인문화사, 2005

노중국, 『백제정치사연구』, 일조각, 1988

노태돈, 『고구려사연구』, 사계절, 1999

______, 『삼국통일전쟁사』, 서울대학교출판부, 2009

송기호, 『발해정치사연구』, 일조각, 2006

신형식, 『통일신라사연구』, 삼지원, 1990

이기백, 『신라정치사회사연구』, 일조각, 1975

이종욱, 「신라장적을 통하여 본 통일신라의 촌락지배 체제」, 『역사학보』 86, 1980

정영호, 『'93 중원탑평리유적 발굴조사보고서』, 중원군, 1994

최무장, 『충주 단월동고분군 발굴조사보고서』, 건국대학교 박물관, 1994

한국고대사연구회, 『신라말 고려초의 정치사회변동』, 신서원, 1994

한규철, 『발해의 대외관계사』, 신서원, 1994

홍성화, 「이소노카미신궁 칠지도에 대한 일고찰」, 『한일관계사연구』 34, 2009

3 장

고려시대

1 고려의 건국과 통치제도

1) 왕건의 고려 건국

왕건은 본래 송악 지방의 호족 출신으로 중국과의 해상 무역을 통해 성장한 호족들과 연합하여 세력을 강화하였다. 왕건은 궁예에 귀부한 뒤 경기도, 충청도의 여러 지역으로 나가 영토를 넓히고 서해 바닷길을 통해 후백제의 서남단인 나주까지 진출하여 후백제의 배후를 위협하였다. 많은 전공을 세우며 궁예의 신임을 얻은 왕건은 태봉의 최고 벼슬인 시중에 올랐다.

궁예의 실정을 계기로 홍유, 신숭겸, 배현경, 복지겸 등이 궁예를 축출한 뒤 신하들의 추대 형식을 빌려 왕건이 왕위에 올랐다. 왕건은 고구려 계승을 내세워 국호를 고려라 하고(918년) 수도를 자신의 세력 근거지였던 송악으로 옮겨 개경이라고 하였다.

고려를 세운 왕건은 안으로는 각 지방에 할거한 호족 등의 지방 세력을 흡수 통합하는 데 힘을 썼다. 밖으로는 중국의 5대 여러 나라와 외교관계를 맺어 대외관계의 안정을 꾀하는 한편, 신라에 대해서는 적극적인 우호정책을 내세우고, 후백제와는 대립하는 정책을 취하였다.

2) 후삼국의 통일

후백제는 막강한 군사력을 앞세워 먼저 신라를 무너뜨리고 고려를 공략하고자 하였다. 반면, 고려는 쇠약해진 신라를 도와주고 우호관계를 맺으면서 후백제와 전쟁을 벌일 준비를 하였다.

이에 불만을 품은 후백제는 신라를 공격하여 포석정에서 잔치를 벌이고 있던 경애왕을 죽이고 경순왕을 왕으로 세웠다. 왕건은 신라를 구하기 위해 군사를 출동시켰지만 공산(대구) 전투에서 신숭겸 등이 전사하는 등 크게 패배하였다.

이후 다시 힘을 기른 고려는 고창(안동) 전투에서 승리를 거두고 (930년) 후백제는 신라의 외곽으로 후퇴하게 되었다.

후백제는 정권다툼으로 견훤이 맏아들 신검에 의해 김제 금산사에 유폐되는 내분이 일어났다. 이후 견훤은 금산사를 빠져나와 고려로 투항하였으며 왕건은 견훤을 개경으로 맞아들여 양주를 식읍으로 주는 등 극진히 대우하였다.

이러한 소식은 신라에도 전해졌고 경애왕의 피살 후에 즉위한 경순왕은 국가 유지의 힘을 잃어 마의태자麻衣太子 등의 반대에도 불구하고 고려에 투항하였다(935년). 태조 왕건은 경순왕도 융숭하게 대접하여 벼슬은 태자와 같게 하고 경주를 식읍으로 삼아 그대로 다스리게 하였다.

고려와 후백제의 마지막 전투는 선산의 일리천에서 벌어졌는데, 치열한 다툼 끝에 후백제의 항복을 받아 936년 고려는 후삼국을 통일하였다.

발해가 거란에 멸망당하였을 때 유민을 비롯한 많은 이들을 받아들여 고려는 후삼국뿐만 아니라 민족의 재통일을 이룩하였다.

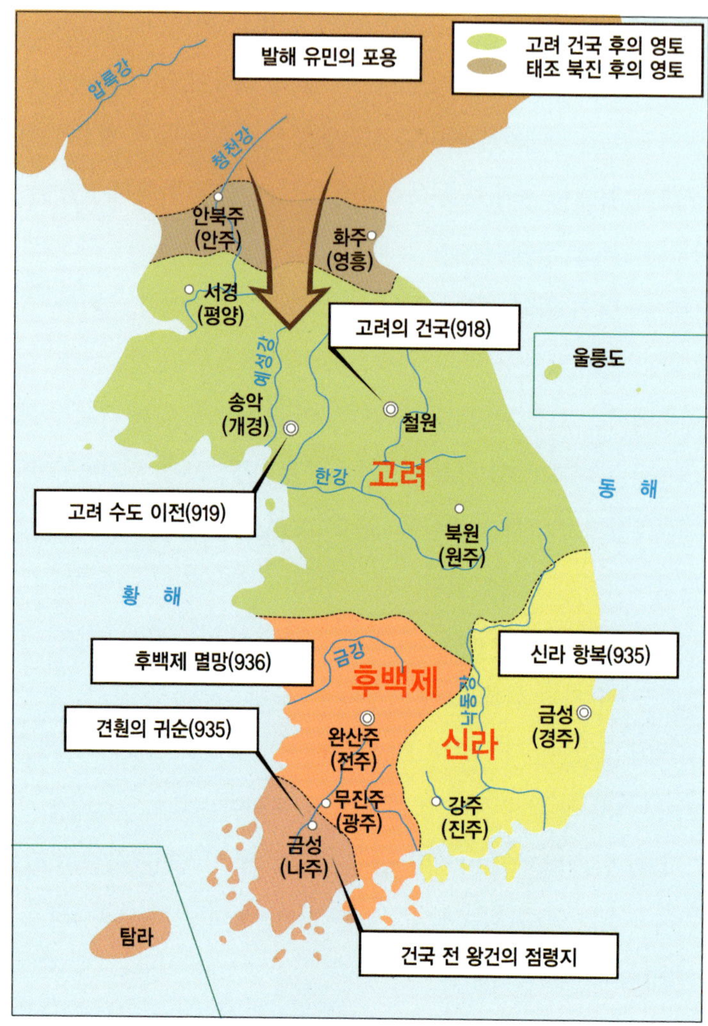
발해 유민의 포용
고려 건국 후의 영토
태조 북진 후의 영토
압록강
청천강
안북주
(안주)
화주
(영흥)
서경
(평양)
고려의 건국(918)
예성강
울릉도
송악
(개경)
철원
한강
고려
동 해
고려 수도 이전(919)
북원
(원주)
황 해
금강
후백제 멸망(936)
후백제
신라 항복(935)
낙동강
금성
(경주)
견훤의 귀순(935)
완산주
(전주)
신라
무진주
(광주)
강주
(진주)
금성
(나주)
탐라
건국 전 왕건의 점령지

후삼국의 통일

3) 고려 초기의 정책

태조는 후삼국의 분열이 신라 사회의 모순과 지방 세력의 대두로 인한 것으로 판단하고 한편으로는 호족을 우대하면서 한편으로는 억누르는 정책을 실시하였다. 호족의 기반을 가진 공신들을 개경에 머무르게 하고 그들의 세력 근거지에는 관리를 임명하여 통치하게 하는 한편, 그들의 자식은 수도에 볼모로 잡아두어 견제하였다. 유력한 호족과는 혼인을 통하여 관계를 깊게 다져갔고 반독립적 호족 세력과 연합하여 왕권 안정을 도모하였다.

개성 만월대

태조는 국가의 자주성을 강조하기 위해 천수天授라는 연호를 사용하였으며 건국 직후부터 강력한 북진 정책을 추진하여 평양을 서경으로 삼고 말년에는 청천강에서 영흥에 이르는 국경선을 확보할 수 있었다.

태조 왕건릉

태조 사후 혜종과 정종 대에는 왕위 계승 다툼이 일어나 왕권이 불안정하였다. 이후 광종이 들어서면서 호족 세력을 꺾고 왕권의 안정과 중앙집권체제를 확립하기 위한 정책을 추진하였다.

광종은 노비안검법을 실시하여 양인이었다가 호족의 노비가 된 경우는 다시 양인이 될 수 있도록 하였다. 이로써 많은 노비들이 호족의 지배에서 풀려나 호족 세력은 약화되었으며 국가 재정기반과 왕권이 안정되기에 이르렀다.

또한 광종은 과거제를 실시하여 유학 지식과 문장 실력을 평가하여 관료로 뽑았으며 이를 통해 신구 세력의 교체를 도모하였다.

수도
3경
4도호부
8목
백두산
천리장성
안북 도호부
북계
동계
서경
(평양)
황주목
안변 도호부
교주도
서해도
개경(개성)
동 해
안서 도호부
남경(서울)
광주목
충주목
양광도
황 해
청주목
상주목
경상도
전주목
동경
(경주)
안남 도호부
전라도
진주목
나주목
탐라

고려의 행정구역

국왕의 권위를 높이기 위해 황제라 칭하고 독자적 연호를 사용하였으며 개경을 황도로 하였다.

성종 대에는 최승로의 시무28조를 받아들여 유교 이념에 의한 통치를 강화하였으며, 현종 대에는 전국을 5도와 양계로 나누어 지방 행정 조직을 정비하기 시작하였다.

▌충주 미륵리사지

충주 미륵리사지

충청북도 충주시 상모면 미륵리에 있는 고려 초기의 절터로서 거대한 돌을 이용해 석굴을 쌓은 후 불상을 모셨으며, 위에 목조건물이 있었던 자취가 있다. 발굴조사를 통하여 수습된 유물 가운데는 '彌勒堂(미륵당)', '院主(원주)', '大院寺住持(대원사주지)' 등의 글자가 새겨진 기와조각이 있고, 지금도 이곳의 지명이 미륵리로 되어 있어 원래 석굴사원의 이름이 미륵대원(彌勒大院)인 것으로 추정되고 있다.

석굴 축조에 관하여는 고려 태조 왕건의 경영설, 고려 초기 충주유씨(忠州劉氏)의 지원설 등이 있다.

전설에 의하면 신라 마지막 임금인 경순왕의 아들 마의태자가 나라의 망함에 한을 품고 금강산으로 입산(入山)하러 가던 길에, 누이인 덕주공주(德周公主)는 월악산 덕주사를 창건하여 남향한 암벽에 마애불을 조성하였고, 태자는 이곳에 석굴을 창건하고 불상을 북쪽으로 두어 덕주사를 바라보게 하였다는 이야기가 있다.

우리나라에서 유일하게 북쪽을 바라보는 특이한 구조를 가진 절터이며, 방식은 다르지만 석굴암을 모방한 것으로 해석되고 있다.

이와 같은 석주형(石柱形)의 거대한 석불입상(보물 제96호)은 관촉사 석조미륵보살입상(보물 제218호) 등의 예가 있으며 경내에는 5층석탑(보물 제95호), 석등, 당간지주 등 중요한 문화재들이 남아있다.

4) 고려의 토지제도

고려시대의 토지제도는 사유제의 바탕 위에 관념적인 왕도사상을 더하여 전시과 체제로 확립되었다. 즉, 토지에 대한 소유권을 부여한 것은 아니고 단지 그 토지에 대한 수취권(수조권)을 인정해준 것이다. 전시과 규정에 따라 관료에게 지급한 토지는 과전이다. 전시과에서 모든 토지는 지급받은 관료가 퇴직하거나 사망을 하면 국가에 반납하는 것을 원칙으로 하였다.

전시과가 처음 실시된 것은 경종 때(976년)로 관직의 높고 낮음은 물론 인품까지 고려하여 토지를 차등 있게 지급하였다. 목종 때(998년)의 개정전시과는 문무백관을 18등급으로 나누어 차등 있게 토지를 지급하였다. 이때 인품이 제외되었고 문관이 무관보다, 현직이 전직보다 우대되었으며 군인층이 토지지급 대상에 포함되었다. 문종 때(1076년)의 경정전시과는 지급 토지가 종전보다 감소되었으며 무관에 대한 대우가 보다 상승되고 현직관리에게만 지급되었다는 점이 특색이다.

토지는 수조권의 귀속에 따라 공전과 사전으로 나눌 수 있는데, 공전은 수조권이 국가나 관청에 소속된 토지이며 사전은 수조권이 개인이나 사원에 귀속된 토지를 말한다. 공전은 수확량의 1/4을, 사전은 수확량의 1/2을 조로 납부하였다.

5) 고려의 불교 예술

석탑의 경우 신라 양식을 일부 계승하면서 독자적인 조형 감각을 가미한 다양한 형태가 제작되었다. 고려의 석탑은 대체로 안정감이 없어 조형 감각 면에서는 신라보다 뒤떨어지지만, 오히려 형식에 구애받지 않고 자연스러운 면이 있다. 대표적인 석탑으로는 오대산 월정사 8각 9층 석탑이 유명하며 고려 후기 경천사 10층 석탑은 원元의 석탑을 본뜬 것으로 조선시대로 이어져 원각사지 10층 석탑에 영향을 주기도 하였다.

고려시대의 불상은 시기와 지역에 따라 독특한 모습을 보여주면서 제작 기법에 있어서는 신라에 비해 다소 뒤떨어지는 경향이 있다. 인체 구성이 불균형을 이루고 있어 조형미가 퇴화된 감이 있으나 형식에 구애 받지 않는 자유분방한 면과 함께 지방 토속적 특색을 보여주고 있다. 논산의 관촉사 석조 미륵보살 입상과 같이 사람들이 많이 지나가는 길목에 지역 특색이 잘 드러난 거대한 불상들이 건립되기도 하였다.

또한 초기에는 하남 하사창동 철조 석가여래 좌상과 같은 대형 철불이 많이 조성되어 시대적 특징을 이루고 있다.

충주의 철불좌상

충주 지역은 예로부터 양질의 철이 생산되는 철산지에 해당하며 이 때문에 철불이 많이 조성되었던 것으로 보인다. 철불은 쉽게 산화하여 파손되는 경우가 많은데도 불구하고, 충주에는 현재 단호사, 대원사, 백운암에 철불이 현존하고 있다.

특히 대원사와 단호사의 철불좌상은 다른 지역에서 찾아볼 수 없는 독특한 양식의 불상으로, 아마도 같은 시기에 같은 공방에서 조성된 불상들로 추정된다. 이들은 매우 닮아서 지방적 유파성의 특징을 알려주는 대표적인 예로 추정된다.

통견 법의의 단순한 옷주름선, 나발의 머리에 중앙계주가 주조된 점 등은 고려시대 철불상의 특징을 단적으로 말해주고 있다.

단호사 철불좌상

2 고려의 대외 관계

1) 거란의 침략과 격퇴

10세기 들어 당이 멸망한 후 5대10국(907~960년)의 혼란기를 거쳤던 중국은 북방에 거란족이 큰 세력을 이루어 발해를 멸망시키고 국호를 요遼라고 하였다(947년).

중국은 960년 송이 다시 통일 국가를 이루게 되자 북방의 요를 견제하기 위해 고려와 친선관계를 맺고 있었다. 이러한 상황에서 요는 송을 공격하기에 앞서 배후에 있는 고려를 먼저 침략하였다. 성종 12년(993년) 요는 고구려의 옛 땅을 반환하고 송과 단교하라는 명분을 앞세워 소손녕이 80만 대군을 이끌고 쳐들어왔다.

이때 담판에 나섰던 서희는 고려가 고구려의 계승자임을 내세웠고 앞으로 송과의 관계를 끊고 요를 적대시하지 않겠다는 조건을 걸었다. 이로써 거란군은 물러났고 고려는 압록강과 청천강 사이의 강동 6주를 확보하였다.

그러나 고려가 계속 송과 교류를 하고 요와 적극적인 외교관계를 수립하지 않자 요는 강동 6주를 넘겨 줄 것을 요구하였으며 목종을 폐위하고 현종을 옹립한 강조의 정변을 구실로 하여 재침략하였다. 이때 개경이 함락되어 현종은 나주로 피난하는 등 위기에 빠지기도 하였다. 하지만, 서경 이북은 곳곳에서 고려군이 버티고 있었기 때문에 거란군은 식량 보급이 끊어지는 상황에 처하게 되자 현종의 입조를 조건으로 하여 화친을 맺고 돌아갈 수밖에 없었다.

그러나 고려왕이 직접 입조하고 강동 6주를 돌려달라는 요구에 응답하지 않자 소배압이 10만 군사를 이끌고 다시 쳐들어왔다. 거란군은 개경까지 이르렀으나 고려군의 협공을 받아 후퇴하다가 귀주에서 강감찬이 지휘하는 고려군에게 섬멸되었다.

이로써 고려, 송, 거란 사이에는 세력 균형이 유지될 수 있었으며 고려는 강감찬의 주장으로 개경에 나성을 쌓아 도성 수비를 강화하고 압록강 어귀에서 도련포에 이르는 천리장성을 쌓았다.

강동 6주와 천리장성

2) 여진의 침략과 9성 개척

12세기 초 거란의 세력이 약해진 틈을 타서 만주 하얼빈 지방에서 일어난 완예부의 추장이 여진족을 통합하면서 고려와 충돌을 빚게 되었다.

고려는 임간과 윤관을 대장으로 삼아 두 번의 군대를 보냈지만 기병 위주의 여진족에게 모두 패하였다, 이에 윤관의 건의에 따라 기병을 보강한 특수부대인 별무반을 편성하여 여진 정벌을 준비하였다.

1107년 윤관은 별무반을 이끌고 천리장성을 넘어 여진족을 동북변경지대에서 몰아내고 그곳에 9성을 쌓았다. 하지만 여진족의 계속된 침입으로 인해 1년 만에 9성을 돌려주게 된다.

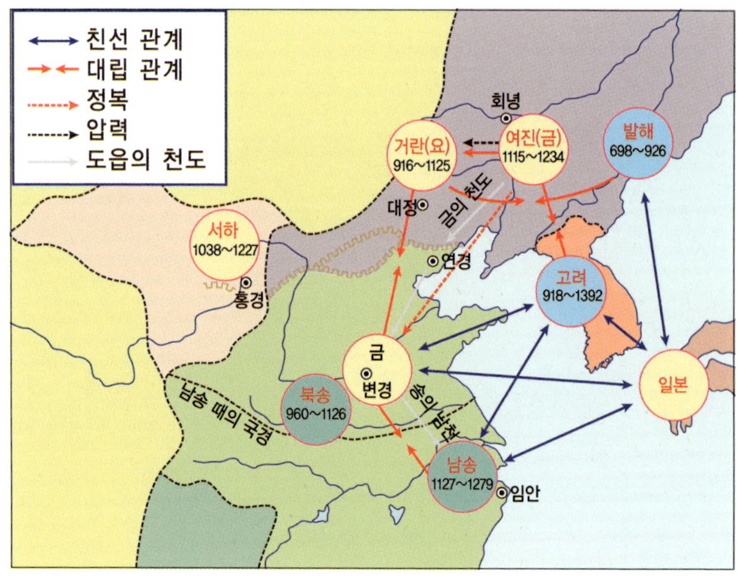

10~12세기의 동아시아

이후 아골타가 나서서 통일을 이루고 세력을 키운 여진은 금나라를 세우고(1115년) 요를 멸망시킨 뒤(1125년) 고려에 군신관계를 요구해왔다.

당시 집권자인 이자겸은 정권 유지를 위하여 금과 평화관계를 유지하는 것이 유리하다고 판단하여 금과 사대관계를 맺고 평화관계를 유지하였다. 금이 고려를 침략하지는 않았지만, 북진정책은 좌절되었고 이는 귀족사회의 모순을 격화시켜 후에 이자겸의 난과 묘청의 난이 일어나는 계기가 되었다.

3 귀족사회의 동요

1) 이자겸의 난

고려 초기 문벌 귀족들은 과거와 교육, 관직을 독점하면서 특권을 누렸다. 관계에 진출한 후 공음전 등을 지급받고 이를 세습하여 부를 축적하였으며 면세, 면역의 특권으로 대토지를 겸병하여 막대한 부를 독점하기도 하였다. 이들 귀족들은 혈연을 기반으로 가문과 문벌을 형성하였으며 왕실과의 혼인을 통해 외척으로서 특권을 강화하였다.

11세기 이래 문벌귀족인 인주(경원) 이 씨는 왕실의 외척으로 80년간 정권을 잡았다. 이자연은 세 딸을 문종의 왕비가 되게 하였고 손자인 이자겸 또한 자신의 딸을 예종의 왕비가 되게 하였으며 외손자인 인종에게도 셋째와 넷째 딸을 왕비로 맞게 했다.

세력이 막강해진 이자겸은 왕위까지 넘보아 이씨 성을 가진 자가 왕이 된다는 도참설을 퍼뜨려 인종을 독살하려고까지 하였다. 이때 심복인 척준경이 이자겸에게 등을 돌려 척결함으로써 이자겸의 세력은 몰락하게 되었다.

2) 묘청의 난

이자겸의 난 이후 문벌 귀족의 세력 다툼은 계속되어 김부식을 비롯한 보수적 관리들과 금에 사대를 반대하는 서경 출신의 묘청, 정지상 등이 서로 대립하였다.

묘청은 풍수지리설을 내세워 개경이 왕도로서 기운이 쇠퇴하였기 때문에 서경을 도읍으로 삼아야 하며 황제를 칭하고 금을 정벌하자고 주장하였다.

인종은 서경에 대화궁을 짓기도 하였지만, 김부식 등 개경 귀족들의 반대로 인해 서경 천도는 실행에 옮겨지지 못했다. 묘청 등은 서경 천도가 어렵게 되자 국호를 대위국, 연호를 천개라 정하고 난을 일으켰다(1135년). 그러나 김부식이 이끄는 관군의 공격으로 1년 만에 진압되었다.

▌신채호의 『조선사연구초』

"조선 근세에 종교나 학술이나 정치나 풍속이나 사대주의의 노예가 됨은 무슨 사건에 원인하는 것인가…… 그 실상은 낭가와 불교, 양가 대 유교의 싸움이며 국풍파 대 한학파의 싸움이며 독립당 대 사대당의 싸움이며 진취 사상 대 보수 사상의 싸움이니 묘청은 전자의 대표요, 김부식은 후자의 대표였던 것이다. 묘청 천도 운동에서 묘청 등이 패하고 김부식이 이겼으므로 조선사가 사대적·보수적·속박적 사상인 유교사상에 정복되고 말았다. 만약 김부식이 패하고 묘청이 이겼더라면, 조선사가 독립적·진취적으로 진전하였을 것이니 이것이 어찌 일천 년래 제일대 사건이라 하지 아니하랴."

3) 무신의 난

고려는 문신이 중심이 된 문벌 귀족 사회로 이들이 군대의 최고 지휘권까지 쥐었다. 무신은 문신보다 지위도 낮고, 문신들의 호위병 노릇이나 문신을 보조하는 전투기술자로 취급받는 등 차별대우를 받았다.

이에 정중부, 이의방 등의 무신들이 정변을 일으켜(1170년) 문신을 죽이고 의종을 폐하여 동생을 명종으로 옹립하고 실권을 잡았다.

그러자 동북면병마사 김보당과 서경 유수 조위총 등이 무신 세력에 항거하여 군사를 일으켰지만 곧 진압되었다.

정중부는 이의방을 제거하고 중방을 중심으로 정권을 독점하였으나 이후 무신 경대승에게 제거당하였다. 정중부를 제거한 경대승은 사병 집단인 도방을 설치하고 권력을 유지하려 하였지만 병사하였다. 이후 김보당의 난 때 의종을 제거한 공으로 정계에 진출한 천민출신의 이의민이 정권을 잡았지만, 최충헌에 의해 피살되었다.

이의민을 제거하고 무단 정치의 기반을 확립한 최충헌은 그동안 무신들이 설치한 기관을 줄이고 1인 독재체제를 강화하였다. 최충헌은 최고 집정부의 구실을 하는 교정도감을 설치하여 권력을 행사하였으며 명종, 희종을 폐하고 신종, 희종, 강종, 고종을 세우는 등 왕권을 무력화하였다.

최충헌의 아들인 최우는 자기 집에 독자적인 인사행정기구인 정방을 두어 인사와 행정을 마음대로 운영하였다. 또한 서방이라는 기구를 집안에 두어 유능한 학자를 모아 자문하게 하였다.

그러나 1230년 몽골군이 침략해오자 이듬해 강화도로 도읍을 옮겨 권력을 유지하였고 강화도로 천도한 이후에도 백성들로부터 조세를 거두어들이는 등 안락한 생활을 유지하였다.

몽골과 전쟁이 계속되는 동안 최항과 최의에게 권력이 넘어갔지만, 최의는 김준, 임연 등에게 쫓겨났고 왕과 문신들이 몽골과 화의를 맺고 무신 임유무를 몰아냄으로써 무인집권기는 막을 내리게 된다.

4 대몽 항쟁

1) 몽골의 침입

금과 남송이 대립하던 시기에 몽골 초원에서는 테무친이 유목부족을 통합하고 칭기즈칸으로 추대되었다(1206년). 그는 서하와 금을 원정하는 등 사방으로 정복사업에 나서 영토를 확대하였다.

거란족 일부가 몽골에 쫓겨 고려에 침입해오자 1219년 강동성에 웅거한 거란군을 고려와 몽골군이 함께 공략한 사건이 있었다. 그 이후로 몽골은 자신들을 거란족을 몰아내 준 은인으로 내세우면서 막대한 공물을 요구하였다. 중국과 서아시아를 정복하면서 대제국을 건설한 몽골은 사신 저고여가 압록강가에서 피살당한 사건으로 계기로 하여 고려와 국교를 단절하였고, 1231년 살리타撒禮塔를 선봉으로 하여 고려를 침략하였다.

이때 몽골군은 귀주를 공격하였으나 박서의 저항으로 실패하였고 우회하여 개경을 포위하고 청주, 충주를 향해 계속 진격하였다. 충주에서는 노군奴軍의 지휘관인 지광수와 승려 우본 등이 노군 및 잡류를 이끌고 관리들까지 달아나 버린 충주를 지켜냈다. 하지만, 고려는 사태가 급박해지자 몽골의 요청대로 강화를 맺었다.

강화를 맺은 후에도 몽골은 막대한 양의 공물과 인질을 요구하였고 다루가치의 국정간섭도 심해지자 고려 조정은 최우를 중심으로 1232년 강화도로 천도하고 항전을 결의하였다.

이에 몽골은 재침하였지만, 처인부곡(용인) 전투에서 김윤후가 적장 살리타를 사살하는 전과를 올리자 몽골은 퇴각하였다.

몽골은 금을 멸망시키고 이어서 남송을 공격하는 한편, 1235년부터 다시 고려를 침략하였다. 1253년 예쿠(야굴)의 군대가 내침하자 충주산성에서는 김윤후의 지휘하에 70여 일간 싸움으로 방어해내었다. 양식은 바닥이 났지만 노비들까지 합세하여 성을 끝까지 지켜내었다.

계속되는 몽골의 침략이 이어졌지만, 백성과 지방 야별초군은 몽골의 침략을 막아내었고 철기를 제작하는 충주의 다인철소는 주민들이 용감하게 싸운 공으로 익안현으로 승격되기도 하였다.

고려는 몽골에 항쟁을 계속하여 몽골의 침입을 약 40년간이나 막아내었다. 이때 강화도의 고려 정부는 부처의 힘으로 외적을 방어하겠다고 하여 팔만대장경을 조판하였다. 그러나 장기간 전쟁으로 국토는 황폐화되고 백성들은 도탄에 빠졌으며 황룡사 9층 목탑 등 많은 문화재가 소실되었다.

2) 삼별초의 항전

원종은 1270년 환도령을 내렸고 이로써 39년간의 강화도 시대는 막을 내렸다.

그러나 삼별초를 중심으로 한 일부 군대는 이에 불만을 품고 배중손의 지휘하에 반란을 일으켰다. 삼별초는 최우 집권기 이래 무신정권의 군사기반이었으나 그동안 몽골군과 싸워 많은 전과를 올리기도 하였다. 이후 삼별초는 거점을 강화도에서 진도로 옮겨 저항하였고 여몽연합군의 공격으로 인해 진도가 함락되자 일부는 제주도로 가서 김통정의 지휘하에 저항을 계속하다가 4년 만에 평정되었다.

충주의 대몽항쟁

충주에서의 대몽항쟁은 1차 침입 때 충주성에서의 노비, 잡류군의 승리에서부터 5차 침입인 고종 40년(1253년)에 충주산성의 방어전, 이듬해인 다인철소민의 승리에 이르기까지 매우 뜻 깊은 항전의 연속이었다. 전쟁의 말기에도 이러한 항전사례는 꾸준히 등장한다.

1254년 9월 14일자 기록에 "자랄타이(차라대) 군이 충주산성을 공격하는데 갑자기 비바람이 크게 휘몰아쳤다. 성안 사람들이 정예를 뽑아 맹렬히 반격하자 자랄타이가 포위를 풀고 드디어 남쪽으로 내려갔다"라고 하여 자랄타이 군이 직접 충주를 공격하였다는 사실을 전하고 있다.

그 이듬해 고종 42년(1255년) 10월 2일조에는 "몽골이 대원령을 넘으므로 충주에서 정예병을 파견, 기습 공격하여 몽골 1천여 명을 사살하였다"고 기록하고 있다. 대원령은 지금의 충주시 상모면 미륵리와 문경군 관음리를 연결하는 하늘재로 추정된다.

고종 43년(1256년) 4월에 몽골군은 또 다시 충주에 들어와 주성(州城)

대림산성

을 도륙하였다. 이때 충주의 관민들은 대부분 산성으로 피난하여 있었던 것으로 보이며 이것이 대몽 항쟁사에 있어 충주민이 몽골에게 당한 유일한 기록이다. 주성을 도륙한 몽골은 바로 충주 등에서 피난 온 이들을 공격하기 위해 월악신사로 올라갔는데 이때 홀연 운무가 끼고 비바람과 우뢰가 몰아치자 몽골군이 두려워 공격을 못하고 돌아갔다고 한다.

고종 45년(1258년) 충주의 별초가 박달현에 숨어 있다가 몽골병을 저격하고 포로된 사람들과 우마 및 무기를 빼앗기도 하였다.

이처럼 번번이 충주성만이 유일하게 엄청난 몽고의 침략을 능히 막아내어 극복하였다는 사실은 이민족의 침략으로부터 내 고장을 지키겠다는 중원지방 사람들의 강인한 투지와 향토애호의 의지가 뚜렷하게 살아있다는 사실을 뒷받침 해주는 것이라 하겠다.

하지만 아직 대몽 항쟁의 주 무대가 되었던 충주산성의 위치 비정 문제가 학계에서 통일되지 않고 있다. 즉, 제5차 몽골 침략 시에 항전하였던 충주성의 위치가 현 충주시 남산에 있는 남산성을 가리키는 것인지, 충주 대림산에 위치한 대림산성인지, 월악산에 있는 덕주산성을 지칭하는 것인지, 아니면 김윤후가 처인부곡에서 평지전투를 승리로 이끌었다

대몽항쟁전승기념탑

는 점에 착안하여 현재의 충주읍성보다 더 큰 규모의 충주읍성이 있었는지 등은 논란이 되고 있다.

이러한 것들에 대한 규명은 새로운 사실들이 발견되기 전까지는 해결하기 어려운 문제이지만, 현재까지의 자료로는 충주 대림산성이 가장 타당한 장소로 여겨진다. 어쨌든 현재까지의 대몽항쟁사에 있어 충주의 전부가 전장이었다고 하여도 과언이 아니다.

▌『고려사』 김윤후

"몽골이 주성을 포위하기를 무릇 70여 일에 성내의 식량이 거의 다하게 되었다. 김윤후는 사졸들을 독려하여 이르기를 '만일 능히 힘을 다한다면 귀천을 가리지 않고 모두 관작을 내리겠으니 그대들은 이를 믿으라' 하고 드디어 관노의 부적을 가져다가 불태워버리고 또 노획한 우마를 나누어 주니 사람들이 모두 죽음을 무릅쓰고 대적하였다."

3) 몽골의 간섭

1271년 국호를 원으로 바꾼 몽골은 우선 1274년과 1281년 두 차례에 걸친 일본 원정을 단행하면서 고려로부터 전쟁 물자와 인적 자원을 징발하였다.

또한 고려의 왕은 원의 공주를 왕비로 맞아들여 부마국이 되었다. 왕실 용어도 격하되어 '조, 종'으로 붙였던 묘호를 '왕'으로 칭하였고 왕명의 처음에 '충'자를 넣어 몽골에 충성을 표시하게 하였다.

몽골은 일본원정을 준비하기 위해 설치했던 정동행성을 연락기구로 삼고 다루가치라는 감찰관을 파견하여 고려의 내정을 간섭하였다.

원은 쌍성총관부, 동녕부, 탐라총관부 등 고려의 영토 일부를 강점하여 직접 다스리기도 하였다.

원의 압력과 친원파의 책동으로 고려의 정치는 비정상적으로 운영되었다. 몽골어를 잘하여 통역관으로 출세한 자, 매를 사육하여 바치는 응방 출신으로 출세한 자, 왕비가 된 원 공주와 결탁하여 출세한 자, 원에서 자신의 딸이나 일족이 크게 출세하자 덩달아 출세한 자 등 원과 결탁한 권문세족들이 높은 관직과 권력을 차지하고 대토지를 소유하면서 세력을 떨쳤다.

5 고려후기의 변동

1) 공민왕의 반원 개혁운동

원의 간섭기에 고려사회는 원과의 관계를 통하여 성장한 권문세족이 권력을 잡으면서 농장을 확대하고 양민을 수탈하는 등 사회의 모순이 심화되었다. 이러한 문제를 시정하고 원의 간섭에서 벗어나기 위한 노력이 충선왕 때부터 있었으나 성공하지는 못했다

1350년대에 들어서서 원 나라 내부에서 내분이 일어나고 한족漢族들의 항쟁이 시작되자 고려의 공민왕은 고려의 자주성을 회복하기 위한 개혁에 나섰다. 당시 기철로 대표되던 친원 세력의 숙청을 시작으로 하여 고려의 내정을 간섭하던 정동행성 이문소를 폐지하였으며 원의 간섭으로 바꾸었던 관제를 복구하고 쌍성총관부를 공격하여 철령 이북의 땅을 수복하였다.

또한 공민왕은 권문세족의 영향력을 줄이고 왕권을 강화하기 위하여 전민변정도감을 설치하고 신돈을 등용하여 권문세족들이 부당하게

포은 정몽주

빼앗은 토지를 농민에게 돌려주고 권문세족의 농장으로 들어갔던 백성들도 원래의 양인 신분을 회복시켰다. 아울러 성균관을 통하여 유학 교육을 강화하고 과거제도를 정비하여 신진사대부들이 진출할 수 있는 계기를 만들었다. 이로 인하여 이색, 정몽주, 정도전, 권근 등 새로운 인물들이 대거 관직에 진출하게 되었다.

그러나 원을 배경으로 한 권문세족들이 왕권을 견제하여 개혁은 뜻대로 이루어지지 못하였다. 신돈이 반역 혐의로 처형되었으며 급기야 공민왕까지 시해됨으로써 개혁정치는 중단되었다.

▌역사서의 편찬

몽골의 침략과 원의 간섭을 받던 시기에 삼국유사, 제왕운기 등 역사서들이 편찬되었다. 승려 일연이 편찬한 삼국유사는 민간의 전승과 불교 관계 서적이 많이 실려 있어 유교적 합리주의 사관으로 서술된 삼국사기에 빠져 있는 사실들을 많이 보충해주었다.

이승휴가 지은 제왕운기는 중국과 우리의 역사를 서사시로 읊은 것인데 유교정치이념을 바탕으로 고려의 국가질서 회복을 기원하는 내용을 담고 있다.

이 책들은 서두에 단군신화를 기록하여 몽골의 침략과 지배를 받고 있던 상황에서 우리 민족이 오랜 역사와 고유한 문화전통을 지니고 있음을 강조하였다.

이규보가 지은 동명왕편은 고구려 시조 동명왕의 신비로운 탄생과 건국과정을 그린 서사시로서 고려가 고구려를 계승하였다는 자부심을 나타나고 있다.

▌상정고금예문과 직지심체요절

상정고금예문은 고려 인종 때 최윤의 등이 왕명으로 고금의 예의를 수집, 고증하여 50권으로 엮은 책으로 현존하지 않으나 고려 고종 때 이규보가 엮은 동국이상국집에 이 책을 1234년(고종 21년)에 금속 활자로 찍어냈다는 기록이 남아 있어 세계 최초의 금속 활자본으로 추정하고 있다.

직지심체요절은 현존하는 세계 최고(最古)의 금속활자본으로, 이 책을 엮은이는 조계대 선사인 백운 경한(1287~1374년)이며 1372년(고려 공민왕 21년)에 저술되었고 1377년(고려 우왕 3년)에 청주 흥덕사에서 금속 활자로 인쇄되었다. 독일의 구텐베르그 금속활자 인쇄보다 약 70여 년이 앞선 때였다.

직지심체요절은 1887년 프랑스의 대리공사로 서울에서 근무하던 꼴랭 드 쁠랑시(Collin de Plancy)가 다른 장서와 함께 한국에서 수집한 이 책을 본국으로 가지고 간 뒤 파리의 골동품수집가에게 넘겨졌다. 현재 프랑스 파리에 있는 국립도서관 동양문헌실에 보관되어 있다.

2) 신진사대부와 성리학의 수용

새로운 유학인 성리학이 원을 통하여 고려에 들어왔다. 성리학은 정치 도덕으로서 군신의 의리를 강조하고 대외명분을 중시하였으며 이단을 엄격하게 배척하였다.

특히 고려 말 새로이 중앙에 진출한 신진사대부들은 권문세족을 비판하고 견제하였으며 새로운 사회세력을 이끌어 가기 위한 이념적 기반으로 성리학을 받아들였다. 신진사대부들은 고려사회에 만연한 불교의 폐단을 비판하고 성리학의 명분 의식에 기초하여 제도를 개혁할 것을 주장하였다.

신진사대부는 공민왕 때 교육, 과거제도가 정비된 후 중앙에 진출하여 세력을 확대해나갔다. 또한 신진사대부들은 고려 말 이성계를 중심으로 한 신흥 무인 세력과 손을 잡으면서 사회의 불안과 국가적 시련을 해결하고자 하였다.

3) 홍건적과 왜구의 침입

원말 한족의 비밀결사인 백련교도를 이끌고 반란을 일으켰던 홍건적이 원에 쫓기자 고려에 침입하였다. 1차 침입(1359년) 때 압록강을

고려 말 홍건적과 왜구

건너 서경을 점령하였으나 고려의 이승경, 이방실 등이 격퇴하였으며, 2차 침입(1361년) 때는 개경이 함락되어 공민왕이 복주(안동)까지 피난을 가는 등의 시련도 있었지만 정세운, 안우, 이성계 등이 격퇴하였다.

고려 말에는 왜구의 침입으로 인해 전국이 황폐해졌다. 이에 최영 등이 홍산(부여)에서, 나세, 최무선 등이 화포를 이용하여 진포에서, 이성계 등이 황산(운봉)에서 전멸시켰다. 창왕 1년에는 박위가 전함 100척을 이끌고 왜구의 소굴인 대마도를 정벌하기도 하였다.

참고문헌

국사편찬위원회, 『한국사』 12, 1993

김기섭, 「고려전기 농민의 토지소유와 전시과의 성격」, 『한국사론』 17, 1987

김상기, 『고려시대사』, 동화문화사, 1961

민현구, 『한국중세사산책』, 일지사, 2005

박용운, 『고려시대사』, 일지사, 2008

박종기, 『5백년 고려사』, 푸른역사, 1999

변태섭, 『고려정치제도사연구』, 일조각, 1968

윤용혁, 『고려 대몽항쟁사 연구』, 일지사, 1991

최근영, 「충주 대림산성 고」, 『중원문화연구』 4, 2000

한국사교재연구회, 『교양 한국사의 이해』, 삼경사, 2001

허흥식, 『고려사회사연구』, 아세아문화사, 1981

4장

조선시대

1 조선의 건국과 정치 동향

1) 조선의 건국

홍건적과 왜구의 침입을 물리치는 데에 공을 세운 신흥무장 중에 대표적인 인물인 이성계는 독자적인 무력기반을 형성하고 있었다. 그는 쌍성총관부가 있던 철령위 이북 지역을 요구하는 명에 반발했던 최영 등이 요동정벌을 계획하자 군사를 이끌고 출동하였다가 압록강 위화도에서 회군하여 정치적 실권을 장악하였다.

이로써 구세력은 도태되고 친명파가 승리하였으며 이성계 세력은 정도전, 조준 등 신진사대부 세력과 연합하여 사회개혁을 실현할 방안과 힘을 갖춘 정치세력으로 결집되었다. 이후 전제 개혁을 단행하여 과전법을 마련함으로써 자신들의 지지기반을 확대하였으며 권문세족

선죽교

뿐만 아니라 왕조교체를 반대하는 정몽주를 선죽교에서 살해하는 등 온건개혁세력까지 제거하였다. 그리고는 고려를 멸망시키고 조선을 건국하였다(1392년).

태조 이성계

■ **경복궁(景福宮)**

서울특별시 종로구 세종로에 있는 조선시대의 정궁(正宮)으로 사적 제117호이다. 도성의 북쪽에 있다고 하여 북궐(北闕)이라고도 불렀다. 조선왕조의 건립에 따라 창건되어 초기에 정궁으로 사용되었으나 임진왜란 때 전소된 후 오랫동안 폐허로 남아 있다가 조선 말기 고종 때 중건되어 잠시 궁궐로 이용되었다. 이성계가 왕이 되어 곧 도읍을 옮기기로 하고, 즉위 3년째인 1394년에 신도궁궐조성도감(新都宮闕造成都監)을 열어 궁의 창건을 시작하였으며 이듬해에 완성하였다. 궁의 명칭은 『시경』 주아(周雅)에 나오는 "이미 술에 취하고 이미 덕에 배부르니 군자만년 그대의 큰 복을 도우리라(旣醉以酒 旣飽以德 君子萬年 介爾景福)." 에서 두 자를 따서 경복궁이라고 지었다.

정종이 즉위하면서 도읍을 다시 개성으로 옮기어 궁을 비우게 되었으나, 제3대 태종 때 또 다시 환도하여 정궁으로 이용되었다. 태종은 궁내에 경회루(慶會樓)를 다시 지었는데, 연못을 넓게 파고 장대한 누각을 지어 임금과 신하가 모여 잔치를 하거나 사신을 접대하도록 하였으며, 파낸 흙으로는 침전 뒤편에 아미산(蛾眉山)이라는 동산을 만들었다.

세종은 이곳에 집현전을 두어 학문하는 신하들을 가까이에 두었으며, 경회루 남쪽에 시각을 알리는 보루각(報漏閣)을 세우고 궁 서북 모퉁이에 천문관측시설인 간의대(簡儀臺)를 마련하였으며, 강녕전 서쪽에는 흠경각(欽敬閣)을 짓고 그 안에 시각과 사계절을 나타내는 옥루기(玉漏器)를 설치하였다.

1553년에는 궁내에 불이 났는데 강녕전에서 불이 나 근정전 북쪽의 전각 대부분이 소실되었다. 이듬해에 강녕전 외에 교태전(交泰殿) · 연생전 · 흠경각 · 사정전(思政殿)을 복구했다. 그러나 1592년 임진왜란으로 궁은 전소되고 말았다. 이때 창덕궁 · 창경궁 등도 모두 불에 타버려 난이 끝나고 왕이 환도하였을 때 정릉동의 구(舊) 월산대군가(月山大君家)를 임시 어소(御所)로 정하였다.

경복궁

궁이 중건된 것은 소실된 지 약 270년이 흐른 1867년의 일이다. 흥선대원군 이하응(李昰應)의 강력한 의지로 여느 궁궐의 규모나 격식을 훨씬 능가하는 대규모로 다시 세워지게 되었다. 그 규모는 7,225칸 반이며 후원에 지어진 전각은 융문당(隆文堂)을 포함하여 256칸이고 궁성 담장의 길이는 1,765칸이었다. 궁이 완성되고 나서 1868년에 왕은 경복궁으로 옮겼다. 그러나 이때 조선왕조는 외국 열강들의 세력다툼으로 혼란에 빠져 있었다. 1895년에는 궁 안에서 명성황후(明成皇后)가 시해되는 사건이 벌어지고, 왕은 이어(移御)한 지 27년째인 1896년에 러시아공관으로 거처를 옮겨, 경복궁은 주인을 잃은 빈 궁궐이 되었다. 1910년 국권을 잃게 되자 일본인들은 궁안의 전(殿)·당(堂)·누각 등 4,000여 칸의 건물을 헐어서 민간에 방매(放賣)하고, 1917년 창덕궁의 내전에 화재가 발생하자 경복궁의 교태전·강녕전·동행각·서행각·연길당(延吉堂)·경성전·연생전·인지당(麟趾堂)·흠경각·함원전(含元殿)·만경전(萬慶殿)·흥복전(興福殿) 등을 철거하여 그 재목으로 창덕궁의 대조전·희정당 등을 지었다. 궁전 안에는 겨우 근정전·사정전·수정전(修政殿)·천추전(千秋殿)·집옥재·경회루 등과 근정문·홍례문·신무문(神武門)·동십자각 등이 남게 되었으며 정문인 광화문도 건춘문 북쪽으로 이건하였다.

또한, 궁의 중심건물인 근정전 정면 앞에 매우 큰 석조건물인 총독부청사를 지어 근정전을 완전히 가려 버렸다. 이 밖에 자선당 자리에도 석조건물을 짓고 건청궁(乾清宮) 자리에는 미술관을 지어 궁의 옛 모습을 거의 인멸시켰다.

태조는 고조선을 계승하는 의미에서 국호를 조선이라 정하고 교통과 국방의 중심지로 떠오른 한양으로 천도를 단행하였다. 한양으로의 천도 작업은 고려의 구 귀족세력을 약화시키는 계기를 마련하였으며, 풍부한 농업생산력을 바탕으로 한 교통의 요지라는 이점을 안고 있는 한양으로 천도하면서 왕실의 권위를 상징하는 경복궁을 창건하였다.

조선의 건국을 도왔던 정도전은 한양을 설계하는 데 중요한 역할을 하였는데, 유교의 정신을 담아 경복궁, 종묘, 사직단의 위치와 이름을 정하였다. 이어 도성 둘레에 성곽을 쌓고 성벽의 동서남북에 사대문을 만들었다. 경복궁의 정문인 광화문 앞쪽 육조거리에는 관청이 들어섰고 그 아래 운종가에는 상점들이 들어섰다.

종묘(宗廟)

사적 제125호로 종묘는 원래 정전(正殿)을 말하며, 태묘(太廟)라고도 한다. 태묘는 태조의 묘(廟)가 있기 때문이다. 역대 왕과 왕후는 사후에 그 신주를 일단 종묘에 봉안하였다.

공덕이 높아 세실(世室 : 종묘의 神室)로 모시기로 정한 제왕 이외의 신주는 일정한 때가 지나면 조묘(祧廟)인 영녕전(永寧殿)으로 옮겨 모셨다. 이것을 조천(祧遷)이라고 한다. 종묘 즉 정전에는 현재 19실(室)에 19위의 왕과 30위의 왕후의 신주를 모셔놓고 있다. 정전 서쪽에 있는 영녕전에는 정전에서 조천된 15위의 왕과 17위의 왕후, 그리고 의민황태자(懿愍皇太子)의 신주를 16실에 모셔 놓고 있다.

정전의 신실은 서쪽을 상(上)으로 해 제1실에 태조의 신주가 봉안되어 있다. 영녕전은 주나라의 제도를 본받아 정중(正中)에 추존조사왕(追尊祖四王)을 모시고 서쪽과 동쪽으로 구분, 서쪽을 상으로 차례대로 모시고 있다. 이것을 소목 제도(昭穆制度 : 신주를 모시는 차례로, 왼편을 소(昭), 오른편을 목(穆)이라 하며, 천자(天子)는 1세를 가운데 모시고 2·4·6세를 소에, 3·5·7세를 목에 모시는 제도)라 한다.

유교 사회에서는 왕이 나라를 세우고 궁실(宮室)을 영위하기 위해 반드시 종묘와 사직(社稷)을 세워 조상의 은덕에 보답하며 경천애지사상(敬天愛地思想)을 만백성에게 널리 알리고, 천지 신명에게 백성들의 생업인 농사가 잘되게 해 달라고 제사를 올렸던 것이다.

따라서, 왕이 도읍을 정하면 궁전 왼편에 종묘를 세우고 오른편에 사직을 세우게 하였다. 조선을 창건한 태조는 송경(松京: 松都)에서 한양으로 천도한 뒤 현재의 종묘와 사직을 세웠다.

조선을 창건한 태조는 1394년(태조 3년) 8월 종묘 터를 보았고, 9월 감산(坎山)을 주산(主山)으로 하는 임좌병향(壬坐丙向)한 그 곳에 종묘 터를 결정하였다. 12월부터 영건(營建)을 시작해 다음해 9월에 일차 영건이 끝났으며, 그 뒤 1546년(명종 1년)까지 계속되었다.

임진왜란으로 불에 타자, 1604년(선조 37년)부터 중건이 논의되어, 선조 41년 터를 닦고 기둥을 세우는 등 공사를 개시한 후 광해군이 즉위하던 해인 1608년 5월 중건되었다. 그 뒤 몇 차례의 개수와 증건을 거쳐 오늘에 이르렀다. 정전은 국보 제227호, 영녕전은 보물 제821호로 지정되었다.

종묘 정전 신위 봉안도

종묘 영녕전 신위 봉안도

2) 통치체제의 정비

조선을 건국한 태조는 정도전, 조준 등 개국공신을 주축으로 하여 고려후기 국가의 중대사와 현안문제를 결정하기 위해 설치되었던 도평의사사를 중심으로 통치하였다. 이에 불만을 품은 이방원은 두 차례에 걸친 왕자의 난을 통해 개국공신 세력을 몰아내고 왕위에 올라 도평의사사를 혁파하고 의정부를 두면서 왕권을 강화하였다.

태종은 국왕중심의 통치 체제를 정비하기 위하여 6조 직계제를 실시하고 사간원을 독립하여 대신들을 견제하였다. 아울러 국가 기반을 안정시키고 군사력을 강화하기 위하여 양전사업과 호패법을 실시하고 억울한 노비를 해방하는 한편 사병제도를 폐지하였다.

또한 태종의 뒤를 이은 세종은 안정된 왕권과 경제력을 바탕으로 유교정치를 실현하였다. 집현전을 통해 젊고 능력 있는 학자들을 모아 국가의 중요한 제도를 마련하였고 의정부의 권한을 강화하여 왕권과 신권의 조화를 이루었다. 특히 황희와 같은 유능한 재상을 등용하여 유교적 민본사상의 실현을 위해 노력하였다.

그러나 세종 이후 문종이 일찍 죽고 나이 어린 단종이 즉위하면서 왕권이 크게 약화되자 단종의 숙부였던 수양대군이 정변을 일으켜 왕위에 올라 강력한 왕권을 꾀했다. 그는 태종의 왕권강화책을 그대로 사용하여 6조 직계제를 부활하고 집현전과 경연을 폐지하는 한편 정치 참여가 제한되었던 종친들을 대거 등용함으로써 막강한 왕권을 행사하였다.

성종 때에는 500년 기본법전인 경국대전이 완성되어 조선의 통치기구를 관리, 운영하는 제도 및 규정이 완비가 되었으며, 세종 때의 집현전을 계승한 홍문관을 설치하여 왕권과 신권의 조화에 애씀으로써 조선사회의 기본 통치 방향과 이념이 제시되었다.

가) 중앙정치 체제와 지방행정 조직

중앙정치체제는 경국대전으로 법제화되었다. 문무양반체제의 18등급으로 당상관(정3품 상계 이상 통칭)과 당하관(실무담당)으로 구성되었다. 의정부는 최고 관부로 재상합의로 국정을 총괄하였다. 6조는 행정을 분담하여 집행하는 기관으로 행정의 전문성과 효율성을 높였다.

3사는 사헌부, 사간원, 홍문관을 말하는 것으로 언론 기관의 역할을 하면서 정사를 비판하고, 관리의 비리를 감찰하여 권력의 독점과 부패를 방지하였다. 이외 왕권 강화 기구로 승정원(왕명 출납), 의금부(반역죄 등 국가의 큰 죄인 처벌), 한성부(수도 행정과 치안) 등이 있었으며, 역사서를 편찬하는 춘추관도 존재하였다.

한편 지방행정 조직은 군현을 정비하여 모든 군현에 지방관을 파견하였다. 전국을 8도로 나누어 하부에 부 · 목 · 군 · 현을 설치하였으며, 전국 8도에 관찰사를 임명하여 수령의 비행을 견제하였고, 아울러 병마절도사와 수군절도사를 겸직하게 하였다. 각 지방의 수령은 왕의 대리인으로 지방의 행정, 사법, 군사권을 장악하였으며, 특이하게 개성, 강화, 수원, 광주에는 특별 행정구역으로 유수관을 파견하여, 국왕 직속으로 관찰사의 지시를 받지 않고 왕실과 한양을 호위하도록 하였다.

나) 군역제도와 군사 조직

원칙적으로 16~60세의 모든 양인 남자는 군역의 의무를 졌다. 정군(현역 군인으로 복무)과 보인(봉족이라고도 하며 정군의 비용 부담), 고급 특수군(종친, 외척, 공신이나 고급 관료의 자제)에 편성되어 국방의 의무를 다하였지만 현직 관료와 학생은 군역이 면제되었다.

군사 조직의 경우 중앙군은 5위로 편성되어 궁궐과 서울 수비를 맡았으며, 정군, 갑사 특수병으로 구성되었다. 지방군은 영진 체제에서 진관 체제로 바뀌어 편성되었으며, 서리, 잡학인, 노비 등으로 구성된 일종의 예비군인 잡색군이라 불리었다.

이외 군사적 위급 사태와 연락을 담당하는 봉수와 물자수송과 통신을 담당하는 역참을 설치하여 국방과 중앙 집권적인 행정을 운영하였다.

다) 관리 등용 제도

관리 등용 제도로는 과거시험이 일반화 되었다. 응시 자격은 양인 이상이면 모두 응시가 가능하였으나, 실제로는 양반이 주로 응시하였다. 시험의 종류로는 문과(문반 선발), 무과(무반 선발), 잡과(기술관 선발), 승과(중종 때 폐지) 등이 있었다. 기타 관리 등용 방법으로는 취재(특별 채용 시험), 천거(추천 제도), 음서(고려에 비해 축소) 등이 있었다.

라) 경제 정책

조선 전기 경체 정책은 농본주의로서 국가의 재정을 확충하고 민생 안정을 추구하여 왕도정치의 이상을 실현하고자 하였다. 이에 부합하기 위해 농경지를 확대하고자 토지개간을 장려하였으며 양전사업을 실시하여 15세기 중엽에는 농경지가 160여 만 결로 증가하였다.

상대적으로 상공업은 규제하였다. 유교적 경제관에 따른 소비 억제 정책으로 사치, 낭비, 빈부의 격차를 방지하고자 하였다. 사·농·공·상에 대한 직업적 차별을 두어 농업을 중시하는 풍토를 조성하였다. 도로와 교통수단의 미비로 상업 활동이 발전할 수 있는 사회적 기반시설이 부족하였으며, 자급자족적 경제구조로 농업 중심의 사회구조를 만들어 나갔다. 그러나 16세기 이후에는 통제력이 약화되면서 상공업과 무역이 발달해 나갔다.

① 과전법

국가 재정 기반을 확충하고 관리의 경제 기반을 확보하면서 고려 후기 이후 누적된 토지제도의 모순점을 해결하기 위해 실시한 정책이 과전법이다. 과전법은 경기지방의 토지로 전직 · 현직 18관등에 따라 수조권을 부여하였다. 사망, 반역 시에는 반드시 반납(수신전, 휼양전, 공신전은 세습 가능함)하도록 하였다. 그러나 시간이 지나면서 토지가 부족해지자 직전법(세조), 관수관급제(성종)로 변하다가 명종 때(16세기 중엽 이후)에 접어들어 수조권 지급제도가 소멸되고 지주전호제가 일반화되면서 녹봉제도가 정착되었다.

② 수취 체제의 확립

조세는 토지 소유자에게 부과하는 세금이었지만 지주가 소작농민에

토지제도의 정비

주요 개념	과전법	직전법	관수관급제	녹봉
시 기	1391(공양왕)	세조	성종	명종(16세기)
지급 대상	현직 · 퇴직 관리	현직관리	직전법 계속	현직관리
배 경	권문세족의 대농장재정 궁핍	경기도의 과전 부족	과전 경작농민에 대한 과도한 수취	과전법 체제 붕괴
목 적	사대부의 경제기반	토지부족의 보완(국가재정 안정)	국가의 토지 지배권 강화	관리들의 생활 수단 마련
원 칙	경기도에만 지급, 병작반수제 금지	현직자에게만 지급	국가에서 수조권 행사	현물 녹봉만 지급
영 향	농민의 경작권 인정	훈구파의 농장 확대	농장 확대 가속화	농장의 보편화

게 전가하였다. 생산된 곡식(쌀, 콩)으로 징수하였으며, 수확량의 10분의 1을 납부하도록 했으나 풍흉에 따라 납부액을 조정하였다. 조운을 이용하여 군현에서 조창으로 그리고 다시 그곳에서 경창으로 운송하였다.

- 세종 때 전분6등법, 연분9등법을 실시하여 1결당 4두에서 20두까지 거둠. 1결은 절대면적이 아니고 쌀 300두라는 생산량을 단위로 한 것
- 전분6등법: 토지의 등급을 비옥도에 따라 1~6등전으로 나눈 것
- 연분9등법: 그 해의 풍흉에 따라 세액을 결정하는 것. 아주 큰 풍년일 때는 1결당 20두, 혹독한 흉년일 때는 1결당 4두만 걷는 것

공납은 중앙 관청에서 군현에 물품과 액수를 할당하였다. 각 지방 토산물(수공업 제품, 광물, 수산물, 모피, 과실, 약재)을 가호별로 징수하였다. 그러나 공물의 생산량 감소, 생산 여건의 변화로 공물 확보에 어려움이 컸다. 전세보다 더 큰 부담으로 농민 부담이 가중되는 결과를 낳았다.

역은 군역과 요역으로 구분되었다. 우선 군역은 16세 양인 남자가 대상이었으며, 정군(일정기간 군복무)과 보인(정군의 비용 보조)으로 구성되었으나 양반, 서리, 향리, 성균관 유생은 면제되었다. 요역은 가호당 정남의 수를 고려하여 성, 왕릉, 저수지 공사에 동원하였다. 토지 8결당 1명을 동원하였고, 1년에 6일 이내로 동원을 제한하는 규정이 있으나 임의로 징발하는 경우가 많았다.

마) 신분제도

조선은 양반 관료중심의 신분제 사회였다. 15세기에는 양천제도가 실시되어 양인과 천민으로 구분하는 제도를 법제화하였다. 양인은 양반, 중인, 상민으로 구성되었으며, 과거에 응시할 수 있었고 조세와 국역의 의무를 졌다. 천민은 비자유민으로 개인이나 관청에 소속되어 천역을 담당하였다.

16세기 접어들면서 사림세력이 중앙 정계에 진출하게 되자 반상제도라는 실질적 신분 구분 제도가 정착되었다. 지배층인 양반과 피지배층인 상민의 반상 제도가 일반화되면서 4신분제(양반, 중인, 상민, 천민)가 엄격하게 구분되었다.

그러나 조선 시대는 엄격한 신분제 사회였으나 신분 이동은 가능하였다. 법적으로 양인이면 과거에 응시하여 관직에 진출할 수 있었고, 양반도 죄를 지으면 노비가 되거나 경제적으로 몰락하여 중인이나 상민이 되기도 하였다.

바) 사회정책과 제도

조선 전기 사회정책은 농민생활 안정과 양반 중심의 봉건적 지배체제 강화를 목적으로 진행되었다. 우선 빈민 구호책으로는 환곡제도(국가에서 운영한 농민생활 안정책), 의창(춘궁기에 곡식을 빌려주고 가을에 받음), 상평창(물가안정, 빌려준 곡식의 1/10을 더 거둬들임) 등이 있었다.

의료시설로는 서민 환자의 구제와 약재를 판매하는 혜민국과 동서대비원이 있었으며, 유랑자를 수용하고 구휼을 담당하는 동서활인서가 있었다. 최소한의 보장책으로 농민들의 이탈을 방지하고자 하였으며, 오가작통법과 호패법 등의 농민 통제책을 적극적으로 실시하였다.

사) 법률제도

법률체제의 경우 형법은 대명률이 적용되었으며, 반역죄 · 강상죄에는 연좌제를 실시하여 가족이 처벌되고 고을 명칭이 강등되었으며 수령이 파면되기도 하였다.

형벌은 태형 · 장형 · 도형 · 유형 · 사형 등 5종이 기본으로 시행되었고, 민법에 관한 사항은 지방관이 관습법에 따라 처리하였다. 상속은 종법에 따라 이루어졌으며 제사와 노비상속도 중시하였다.

대표적인 사법기관으로는 중앙에 사헌부 · 의금부 · 형조가 있어 관리의 잘못이나 중대한 사건의 재판을 담당하였다.

특히 의금부는 왕족과 양반에 대한 중대범죄, 반역죄, 강상죄 등을 처벌하였다. 포도청은 서민재판과 경찰업무를 담당하였으며, 한성부는 수도의 치안 및 토지 가옥소송을 맡아서 처리하였다.

장예원은 노비문서 및 노비 범죄를 관장하였고, 각 지방에서는 관찰사와 수령이 각각 관할 구역 내의 사법권을 행사하였다. 재판에 불만이 있을 경우에는 사건에 따라 다른 관청이나 상부 관청에 소송을 제기할 수 있었다. 신문고 등 임금에게 직접 호소하는 방법도 있으나 일반적으로 시행되지는 못하였다.

2 사림의 대두와 붕당정치

1) 훈구와 사림

16세기를 전후하여 조선에는 사림이라는 새로운 정치세력이 성장하여 기존 훈구세력과 대립하게 되었다.

훈구파는 건국 초기부터 성종 초기까지 중앙권력을 장악하던 공신으로서 정치적 실권을 장악한 세력이었다.

사림파는 조선 건국 과정에 직접 참여하지 않았던 길재 등 재지사족들의 후예들로서 조선 건국 이후에 차츰 중앙정계로 진출하기 시작하였다. 이들은 중소 지주적인 배경을 가지고 성리학에 투철한 지방사족들로서 성장한 새로운 관인 계층이었다.

그동안 훈구세력이 지배하고 있던 현실사회의 모순이 드러나고 훈구세력이 권세를 이용하여 자신들의 농장을 확대하여 정치적·경제적·사회적으로 사림의 세력 기반을 침해하게 되자 훈구와 사림 두 세력 사이에는 학문적·정치적인 입장 차이가 생겨나게 되었다.

사림은 성종 대부터 중앙정계에 본격적으로 진출하기 시작하여 강력한 중앙집권체제보다는 향촌자치를 내세웠으며 언론과 문필직을 담당하면서 정치적 영향력을 발휘하였다.

이처럼 사림파가 성리학에 바탕을 둔 새로운 가치질서를 수립하고 성리학적 도덕정치를 실현하고자 했던 노력은 훈구파의 반발을 일으켜 4차례의 사화로 이어졌다.

우선 무오사화는 김종직이 세조를 비방하면서 쓴 '조의제문弔義帝文'

이 사초에 기록된 것을 트집 잡아 훈구파가 연산군을 충동하여 사림파를 제거한 사건이었다.

갑자사화는 연산군의 생모 윤비 폐출 사사 사건을 들추어서 연산군을 충동하여 이 사건에 관련된 훈구파와 사림파의 잔존세력까지 제거했던 사건이었다.

반정을 통해 연산군을 내쫓고 중종이 왕위에 올라 당시 명망이 높았던 조광조가 중용되면서 급진개혁이 추진되었다. 이에 위협을 느낀 훈구세력은 '주초위왕走肖爲王'을 빌미로 기묘사화를 일으켜 조광조를 비롯한 사림세력을 제거하였다.

그 뒤 중종이 훈구세력을 견제하기 위해 사림을 등용하기도 하였지만, 명종이 즉위하면서 윤임과 윤원형 등 외척끼리의 권력 다툼에 휩쓸린 사림세력은 또다시 정계에서 밀려났다.

훈구파와 사림파의 비교

관학파(훈구파)	사학파(사림파)
정도전, 권근 학통 계승	정몽주, 길재 학통 계승
역성혁명 찬성	역성혁명반대
성리학이외의 타 학문, 타 종교 관용	성리학 이외의 타 학문, 타 종교 배척
중앙집권 추구	향촌자치 추구
군사학, 기술학 중시	의리와 도덕 중시
자주적 민족사상(단군 중시)	사대적 중화사상(기자 중시)
사장 중시	경학 중시
왕도정치 추구, 패도정치 인정	왕도정치 주장
15세기 민족문화 정리에 공헌	16세기 성리철학 발달에 공헌

2) 붕당의 출현

여러 차례 사화에도 불구하고 서원과 향약을 바탕으로 향촌에 깊은 뿌리를 내렸던 사림들은 16세기 후반 선조가 즉위하면서 대거 중앙 정계에 진출하여 주도권을 장악하게 되었다. 이러한 가운데에 정치에 참여하려는 양반의 수가 증가하면서 붕당이 출현하게 되었다.

우선 사림 세력은 척신정치의 잔재를 어떻게 청산할 것인가를 둘러싸고 갈등을 겪게 되었다. 즉, 명종 이후 정권에 참여해온 기성사림은 척신정치의 과감한 개혁에 소극적이었던 반면, 새롭게 정계에 등장한 신진 사림들은 원칙에 철저하여 사림정치의 강력한 실현을 내세웠다.

두 세력 간 갈등이 심화되면서 왕실의 외척이면서 기성사림의 신망을 받던 심의겸과 당시 명망이 높고 신진사림의 지지를 받던 김효원 사이에 이조전랑직을 놓고 대립하면서 붕당이 이루어졌다. 김효원을 지지하는 세력을 동인, 심의겸을 지지하는 세력을 서인이라 불렀다.

이황과 조식, 서경덕의 학문을 계승한 사림들을 중심으로 동인을 이루었고 이이와 성혼의 문인들이 서인에 가담함으로써 붕당의 모습을 갖추었다.

붕당 정치는 처음에는 학문과 이념의 차이에서 출발하여 서로의 공론을 형성하고 정치운영 활성화와 정치참여의 폭을 넓히는 데 공헌하기도 하였다. 하지만, 시간이 지남에 따라 백성들의 의견을 반영하기보다는 자기 당파의 이익을 앞세우고 학벌, 문벌, 지연과 연결되는 등의 폐단도 있었다.

주리론(主理論)과 주기론(主氣論)의 비교

구 분	주리론	주기론
집대성	이황	이이
학 파	영남학파 (김성일, 유성룡)	기호학파 (조헌, 김장생)
붕 당	동인	서인
성 향	-도덕적 원리, 인간의 심성 -근본적이고 이상주의적	-통치 체제의 정비와 수취 체제 개혁 -현실적이며 개혁적, 도덕 세계 중요, 경세가 -이와 기가 일물이지만 이는 형체가 없고 기는 형체가 있다.
이기론	1) 이기 이원론 -이와 기는 상호 의존적인 관계에 있으며 다르다. 2) 이는 기를 움직이는 근본적 법칙, 기는 형질을 갖춘 형이하학적 존재로 이의 법칙에 기의 형질이 구체화한다. 3) 이기호발설 -이가 작용하여 기가 이에 따르기도 하고(이발이기수지), 기가 작용하여 이가 그 귀에 타기도 한다. (기발이이승지) 4) 이귀기비	1) 일원론적인 이기 이원론: 우주 만물의 존재 근원은 기에 있으며, 기의 움직임에 따라 다르게 나타나게 되는데, 이는 이러한 기의 작용에 내재하는 보편적인 원리에 지나지 않는다. 2) 기발이승일도설: 이가 스스로 활동 하지 않고, 기가 활동 작용하는 원인, 기가 발하는 데 이가 타고 있다. 3) 사회경장론: 유교적 도덕 가치인 이는 현실의 기에 속하여 구현, 경제가 안정되어야 도덕이 핀다.
이·기의 관점	* 이귀기천, 이존기비 1) 이(본연의 성): 사물의 원리, 이치 - 절대적으로 선하고 존귀한 것 (순선무악) = 사단 2) 기(기질의 성): 사물의 현실적 측면(물질적 측면) - 선악이 뒤섞여 있으며 비천한 것(가선가악) = 칠정	* 이통기국론 1) 이는 통하고(보편성), 기는 국한(특수성) 2) 이통 - 본체로서 이가 내재해 있다는 점에서 인간이나 사물은 모두 동일 3) 기국 - 인간을 포함한 모든 사물의 특성이 다른 것은 기의 국한성 때문이다. 4) 이기지묘 - 이와 기는 상호 의존, 보완, 조화의 관계
향 약	예안향약	해주향약, 서원향약
서 원	도산서원	소현서원

구 분	주리론	주기론
별 칭	동방의 주자	동방의 공자
저 서	-주자서절요: 일본 성리학의 발달에 영향 -성학십도: 군주가 스스로 성학을 따를 것 제시 -이학통록 -전습록변: 치양지를 주장하는 양명학을 비판	-동호문답: 왕도 정치의 구현과 현실 문제인 수미법 주장 -성학집요: 현명한 신하가 성학을 군주에게 가르쳐 그 기질을 변화시켜야 한다고 주장 -만언봉사: 10만 양병설 -격몽요결: 소학
영 향	일본 성리학과 위정척사 운동에 영향	북학파 실학, 개화사상에 영향

3) 붕당 정치의 전개

선조 때 권력을 먼저 잡은 쪽은 동인이었다. 그러나 동인은 정여립 모반 사건을 계기로 남인(온건파, 임진왜란 이전 정국 주도)과 북인(급진파, 임진왜란 이후 광해군 때까지 정국 주도)으로 분열되었다. 임진왜란 이후 왕위에 오른 광해군은 정권을 독점한 북인의 도움을 받으면서 명과 후금 사이에서 중립 외교 정책을 전개하였다. 그러나 무리한 토목 공사로 인해 민심이 이탈되었고, 인목대비의 폐출과 관련된 도덕성 논란에 휩싸이면서 서인 주도의 인조반정에 의해 북인은 영원히 축출되는 결과를 낳았다.

인조반정 이후 서인은 남인과 연합하여 정국을 운영하면서 상호 비판적인 공존 체제를 형성하였다. 그러나 효종의 왕위 계승에 대한 정통성 문제가 불거지면서 예송논쟁이 벌어져 숙종 때 치열한 정권 쟁탈전인 환국정치를 맞게 된다.

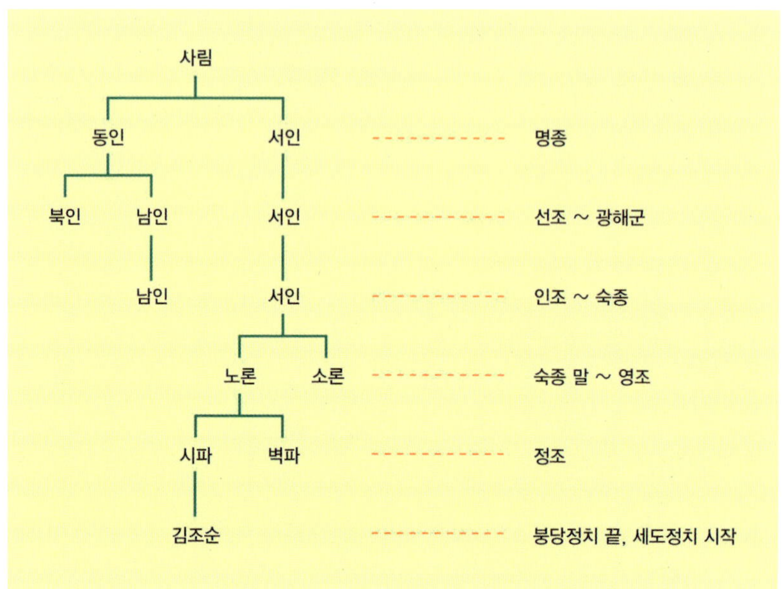

붕당정치

붕당 정치는 붕당 간의 상호 견제와 협력을 통해 정치를 운영하는 것으로 공론을 중시하여 항상 비변사를 통해 의견 수렴하였으며, 3사의 언관과 이조 전랑의 정치적 비중이 증가하였다. 그러나 붕당 정치는 백성의 의견보다 지배층의 의견 수렴에 그치는 한계점을 보임으로써 정치적 이념과 학문적 경향에 따라 붕당이 결집되었다는 특징에서 벗어날 수 없었다.

3 조선 전기의 대외관계와 임진왜란

1) 조선 전기의 대외관계

조선은 건국 직후부터 명과의 친선관계를 유지하면서 사대정책을 실시하였으며 중국 이외의 주변 민족과는 교린정책을 추진하였다.

명에 대한 사대외교는 왕권의 안정과 국제적 지위확보를 위한 실리외교였으며 선진문물을 흡수하기 위한 문화외교인 동시에 공무역의 역할을 하였다.

여진에 대해서는 영토의 확보와 국경지방의 안정을 위하여 적극적 회유책과 강경책 등 양면정책이 강화되었다. 일본에 대해서는 왜구의 약탈이 계속되자 이를 응징하기 위해 이종무가 대마도를 토벌하기도 하고 부산포, 제포, 염포 등 3포를 개방하여 제한된 범위에서 교역을 하는 등 교린정책을 취하였다.

2) 임진왜란

16세기 일본과의 관계가 서서히 악화되기 시작하면서 중종 때 3포왜란이나 명종 때 을묘왜변 등의 소란이 자주 일어났다.

이후 일본은 도요토미 히데요시가 전국시대의 혼란을 수습을 하고 정명가도를 요구한 뒤 20만 대군으로 조선을 침략해왔다(1592년).

부산진과 동래성에서는 부산첨사 정발과 동래부사 송상현이 분전하였으나 끝내 함락되었다.

왜의 육군이 한양을 향하여 북상하자 조정에서는 신립으로 하여금 왜적을 막게 하였으나 충주에서 패하였다. 조선 조정은 의주로 피난하였으며 왜군은 한양을 점령하고 북상을 계속하여 평양과 함경도 지방에까지 이르렀다.

임진왜란의 항전

그러나 전라좌수영을 지키던 이순신은 거북선과 전함을 만들어 왜군에 침입에 대비하였고 옥포, 당포, 한산도 등에서 잇따라 승리하였다. 조선군은 수군의 승리를 발판으로 하여 해상의 주도권을 잡아 왜군의 작전을 무너뜨릴 수 있었다.

또한 전국에서는 의병이 일어나 적의 거점들 사이의 연락과 식량 보급을 끊는 싸움을 벌여 나갔다. 전직 관료, 양반 사족, 승려 등이 주도하여 의병부대를 조직하였으며 농민들도 적극적으로 참여하였다. 대표적인 의병으로는 경기도의 우성전, 홍계남, 경상도의 곽재우, 정인홍, 김면, 함경도의 정문부, 충청도의 조헌, 전라도의 고경명, 김천일 등이 있었다.

수군과 의병의 승전으로 조선은 전쟁 초기의 수세에서 벗어나면서 반격을 시작하였다. 또한 명의 원군이 참여하면서 조명 연합군이 평양성을 탈환하였고 관군과 백성들이 합심하여 행주산성에서 적의 대규모 공격을 물리쳤다. 이에 왜군은 명과 휴전한 후 서울에서 후퇴하여 경상도 해안 일대에서 장기전에 대비하였다.

3년여에 결친 명과 일본 사이의 휴전회담이 결렬되자 일본은 재차 침입하였다(정유재란, 1597년). 이에 조선군은 명의 원군과 협동하여 직산에서 적의 북상을 막고 이순신이 명량(울돌목)에서 큰 승리를 거두기도 하였다.

참패를 당한 왜군은 도요토미가 죽자 전의를 잃고 철수를 하면서 마침내 7년간의 전쟁이 끝나게 되었다.

그러나 조선은 국토가 황폐화되어 경작지가 줄어들었고 인구도 크게 줄어들었으며 불국사, 경복궁 등 문화재가 불타거나 약탈당하였다. 일본은 우리나라의 활자, 서적, 도자기, 그림 등의 문화재를 약탈하고

학자, 도자기 기술자 등을 포로로 잡아갔다. 조선의 성리학도 이때 전해져 일본문화의 발전에 영향을 끼쳤으며 일본을 통해 조총, 담배, 고추 등이 전래되기도 하였다.

조선에서는 이후 일본에 대한 적개심과 명에 대한 사대사상이 생겨났다. 명은 전쟁을 치르면서 쇠약해져 결국 만주의 여진족이 성장하는 계기가 되었으며, 일본도 이후 도쿠가와 정권이 들어서면서 에도시대로 들어가는 변화가 있었다.

신립과 충주성 전투

선조 25년 4월13일 부산에 상륙한 왜군은 조선 땅을 파죽지세로 내달아 십여 일이 지나서 새재를 넘보게 되었다. 조정에서는 그동안 북방의 육진 방비에 공이 커 용맹한 장수로 이름을 떨치던 신립을 삼도순변사로 임명하여 충주로 내려 보냈다.

새재와 충주 일대의 형세를 살핀 신립은 아군의 병세가 약하고 왜군은 수가 많으니 지형이 험한 새재에서 매복하였다가 적을 깨뜨리자는 부장 김여물과 막료들의 건의를 제치고 탄금대를 싸움터로 정했다. 왜적들을 충주 들판으로 끌어들여 기병으로 물리치려 했던 것이다.

4월 28일 새벽, 고니시 유키나가 등이 이끄는 왜군의 본진이 충주성으로 쳐들어왔다. 신립은 충주성으로 내달았으나 전날 내린 비로 들판과 논이 곤죽이 되어 기병은 맥을 못 추었고 아군이 채 전열을 가다듬기도 전에 성안의 왜군이 일제히 출격함으로써 조선의 관군은 크게 지고 말았다. 신립은 탄금대로 돌아와 부장 김여물과 함께 적병 수십 명을 죽인 뒤 마지막 힘이 다하자 강물에 몸을 던졌다.

신립이 졌다는 소식이 전해지자 서울에 있던 선조는 피난 짐을 싸기 시작했고 충주를 뚫은 왜적은 곧장 쳐 올라가 5월 2일 서울을 함락시켰다.

탄금정 뒤편의 강 쪽으로 향한 벼랑은 열두대라 불린다. 신립은 최후의 싸움을 펼치며 군사를 독려하고 뜨거워진 활줄을 식히기 위해 이 벼랑을 열 두 번이나 오르내렸지만 끝내 이곳에서 몸을 던졌다고 한다.

탄금대

4 청의 침략

1) 광해군의 중립외교

중국에서 명의 세력이 약화된 틈을 타고 여진족이 크게 성장하였다. 여진의 추장 누르하치가 여러 부족을 정복하여 후금을 세웠다(1616년). 후금은 명의 변경을 침입하였고 조선은 신중한 중립외교정책을 취하였다. 명이 후금을 저지하기 위해 조선에 병력을 요청하자 임진왜란 때 도와준 명의 요구를 거절하기 어려웠던 광해군은 일단 강홍립에게 13,000명의 군대를 이끌고 출병하게 한 다음, 조명연합군이 후금군에게 무너지자 바로 항복하여 충돌을 피하였다. 이후에도 명의 원군 요청이 계속되었지만, 광해군은 이를 적절히 거절하면서 후금과 친선을 꾀하였다.

2) 호란과 북벌론

광해군을 몰아내고 인조를 옹립한 서인 정권은 중립외교를 지양하고 평안도 철산 앞바다 가도에 주둔한 명나라 장수 모문룡의 군대를 지원하는 등 친명배금정책을 뚜렷이 하였다. 후금에서도 누르하치가 죽은 후 즉위한 태종은 중국 본토 침입하기 전에 조선을 미리 정복하자는 주전론자였다.

이러한 외교정책의 변화 속에서 때마침 인조반정의 논공행상에 불만을 품은 이괄이 반란을 일으키다 실패하자 그 잔당들이 후금으로 도망쳐 조선의 병력이 약하고 모문룡의 군사가 오합지졸이라며 조선을 칠 것을 종용하기에 이르렀다.

후금은 침략의 뜻을 굳히고 광해군을 위해 보복한다는 구실을 들어 아민(阿敏) 등에게 3만 명의 병력으로 조선을 침공하게 했다(정묘호란, 1627년).

이들은 평안도를 거쳐 황해도 평산까지 내려왔으나 관군과 의병들의 저항을 받았다. 당시 후금은 중국 대륙을 장악하는 데에 목적이 있었으므로 강홍립의 중재로 조선과 강화하였다.

그러나 그 이후에도 조선은 친명배금정책을 유지하였고 세력이 커진 후금은 국호를 청으로 고쳐(1636년) 황제로 칭하면서 조선과 형제관계가 아닌 군신관계를 요구하였다. 이에 조선이 척화주전론으로 기울게 되자 청은 다시 침략해왔다(병자호란, 1636년).

남한산성 수어장대

청군은 신속하게 침략하여 서울을 위협하였고 인조는 강화도로 향하다가 길이 막혀 결국 광주의 남한산성으로 피난하였다. 그러나 청군에 포위를 당해 고전하였고 왕실과 대신의 가족들이 피신한 강화도가 함락되자 45일간의 분전 끝에 결국 삼전도에서 굴욕적인 항복을 하고 말았다.

병자호란의 패배 이후 조정에서는 청을 배척하고 명나라의 복수를 외치는 척화론으로 인해 북벌론이 대두되기도 하였다 송시열, 송준길, 임경업 등은 북벌운동을 주도한 대표적 인물로서 효종은 군사력을 키우는 등 북벌을 계획했으나, 청나라가 명나라를 멸망시키고 중국을 통일한 데다 효종까지 죽자 실천되지 못하였다. 하지만 북벌론은 패전의 책임을 져야 할 서인들이 계속 정권을 유지하기 위한 수단으로 이용되기도 하였다.

▮ 임경업

충주에서 출생한 임경업은 무과에 급제한 이후 이괄의 난을 진압하는 데 공을 세우고 벼슬이 높아졌다. 병자호란 때 백마산성에서 청군을 맞아 싸웠고 청군은 백마산성을 내버려둔 채 직접 서울로 진격했다.

이듬해 청이 명을 공격하기 위해 조선에 병력을 요청하자 수군장으로 이에 참전했다. 하지만 명나라와 내통하여 청에 대항하고자 하였으며 일이 탄로 나자 명나라로 도피하였다.

임경업은 명이 청에 의해 멸망당한 뒤 체포되었다. 이때 국내에서 좌의정 심기원 모반사건이 일어나게 되어 임경업은 국내로 송환되었고 반대파인 김자점의 모함으로 피살되고 말았다.

역적의 누명을 쓰고 억울하게 죽은 임경업의 이야기는 그 후 각종 설화로 널리 전해져 군담소설의 주인공이 되기도 하였다. 그러나 사대주의적 명분에 지나치게 사로잡혀 시대적 감각이 뒤떨어졌다는 평가를 받기도 한다.

임경업

5 붕당정치와 탕평정치

1) 붕당정치

기성사림과 신진사림 간의 대립으로 인해 동인, 서인으로 나뉘었던 사림은 선조말년에 이르러서는 동인이 다시 남인과 북인으로 나뉘었다. 이는 이전 정여립 사건 때 동인에 대한 처벌을 가혹하게 하였던 서인 정철에 대한 처리를 둘러싸고 강경한 입장의 북인과 온건한 입장의 남인으로 나뉘게 된 것이다.

처음에는 남인이 정국을 주도하였지만, 왜란을 계기로 북인은 의병 항쟁과 함께 향촌사회의 기반을 유지하면서 광해군 때까지 정국을 주도하였다. 그러나 서인 세력은 광해군이 명을 배신하였으며 영창대군을 죽이고 인목대비를 폐하였다는 명분으로 인조반정을 일으켰다.

반정을 주도한 서인은 남인 일부와 연합하여 정국을 운영해나갔는데, 대체적으로 서인이 우세한 가운데 남인과 연합하여 공존하는 구도가 유지된 붕당정치가 전개되었다.

효종이 죽고 현종이 즉위하면서 효종의 왕위계승에 대한 정통성과 관련하여 두 차례 예송 논쟁이 발생하면서 서인과 남인의 대립이 격화되었다.

현종에 이어 즉위한 숙종은 왕권을 안정시키기 위한 방법으로 붕당을 자주 교체하는 방식을 택하였는데, 이처럼 권력이 교체되는 상황을 환국이라고 한다. 이로써 붕당정치의 기본 원리는 무너지고 상대 세력의 존재를 인정하지 않는 일당 전제화의 추세가 나타나기 시작하였다.

서인 내에서는 노장 세력과 신진 세력 간에 갈등이 깊어지면서 송시열과 윤증을 영수로 하여 노론과 소론으로 나뉘었지만, 주로 노론이 정권을 전횡하였다. 특히 노론 중심의 일당 전제 추세 속에 소수 가문이 권력을 독점하고 공론에 의한 붕당보다는 개인이나 가문의 이익을 우선하는 경향이 현저해졌다.

중앙 정쟁에서 패배한 사림들은 지방세력화 하였는데 연고지로 낙향하여 서원을 건립하고 세력의 근거지로 삼기도 하였다.

2) 영조 · 정조의 왕권 강화

영조는 즉위 직후 탕평의 교서를 발표하여 정국을 바로잡으려 했으나 노론과 소론을 번갈아 등용하여 오히려 정국을 어지럽게 하였다. 이후 소론과 남인의 일부가 영조의 정통을 부정하고 노론정권에 반대하는 이인좌의 난을 일으키자 영조는 이를 계기로 붕당을 없앨 것을 내세우며 왕의 논리에 동의하는 탕평파를 중심으로 정국을 운영하였다.

정책에 있어서도 군역 부담을 완화하기 위한 균역법을 시행하였으며 붕당의 군사·경제 기반이 되어 왔던 군영도 정비되어 훈련도감, 금위영, 어영청 세 군문이 도성을 나누어 방위하는 체제가 갖추어졌다. 제도와 권력구조의 개편내용을 정리하여 『속대전』을 편찬함으로써 법전 체계도 재정리하였다.

그러나 권력은 탕평파로 집중되었으며 이들 가운데 일부는 인척관계를 통해 왕과 긴밀한 관계를 맺고 권력을 잡게 되었다. 한때 탕평에 의해 노론과 소론이 공존하였지만, 소론 강경파가 자주 변란을 일으키

▌탕평비

신의가 있고 아첨하지 않는 것은 군자의 마음이요, 아첨하고 신의가 없는 것은 소인의 사사로운 마음이다.

영조 탕평비

면서 노론이 정국을 주도하였다.

영조에 이어 왕위에 오른 정조는 적극적인 탕평을 추진하여 영조 때에 탕평파 대신들을 엄격하게 비판하였던 노론과 소론의 일부, 그리고 그동안 정치집단에서 배제되었던 남인 계열을 중용하였다. 그리고 규장각을 붕당의 비대화를 막고 자신의 권력과 정책을 뒷받침할 수 있는 강력한 정치기구로 육성하였다. 또한 장용영을 설치하여 병권을 장악함으로써 왕권을 뒷받침하는 군사적 기반도 갖추었다. 이밖에 수원으로 사도세자의 묘를 옮기고 화성을 세워 정치적 · 군사적 기능을 부여함으로써 자신의 정치적 이상을 실현하는 상징적 도시로 육성하고자 하였다.

6 조선 후기 경제·사회 체제의 변화

1) 수취 체제의 개편

임진왜란과 병자호란이라는 양난 이후 조선의 인구는 급격하게 감소하고 경작지가 황폐화됨으로써 백성들은 과중한 조세 부담을 안게 되었다. 더욱이 붕당간의 싸움이 격화되는 가운데 양반 지배층의 정치적 다툼으로 인한 농민들의 유민화로 인해 농촌 사회는 크게 동요하게 되었다. 이에 조선 정부는 수취체제의 개편을 통해 농촌사회 안정과 재정기반 확보를 도모하고자 하였다.

우선 전세의 정액화를 도모하였다. 농경지의 황폐와 토지제도의 문란을 해소하고자 경작지를 확충하면서 양전사업도 동시에 추진하였다. 특히 조선 전기의 연분9등법 대신 풍흉에 관계없이 전세를 토지 1결당 미곡 4두로 고정하는 영정법을 실시하였다. 그 결과 전세의 비율은 낮아졌으나 농민들의 생활에 실질적인 도움이 되지는 못하였다.

다음으로 공납의 전세화를 단행하였다. 그동안 지속된 방납의 폐해, 농민의 토지 이탈, 농촌 경제의 파탄에서 벗어나면서 국가 재정을 보완하고 농민의 부담을 경감하고자 대동법을 시행하였다. 광해군

때 경기도에서 최초로 시작한 대동법은 김육의 건의로 시행지역을 전국으로 점차 확대하였으며, 집마다 부과하던 토산물을 토지 결수에 따라 1결당 미곡 12두 징수하여 농민 부담의 일시적 감소를 가져다주었다. 그 결과 공인이 등장하고 상품 수요가 증가하여 상품화폐 경제 발전의 원동력이 되었다.

군역의 경우 모병제가 제도화되면서 군포징수의 문제점이 노출되고, 납속이나 공명으로 면역하는 자의 증가로 인한 군역자의 수적 감소가 현실화 되자 군역을 기피하는 경향까지 나타나게 되었다. 이에 균역법을 실시하여 1년에 군포 2~3필을 1필로 줄여 징수함으로써 농민들의 부담을 감소시키고, 대신 토지 1결당 미곡 2두를 부과하는 방식의 결작제와 일부 관직이 없는 상류층에게 선무군관이라는 합법적 지위를 인정해 주고 군포를 징수하는 선무군관제를 실시하여 부족한 재원을 보충하기도 하였다. 그러나 결과적으로는 지주가 결작을 소작농에게 전가함으로써 농민의 세부담이 다시 가중되는 악순환이 거듭되었다.

2) 서민 경제의 발전

조선 후기 양난 이후에는 양반들이 토지 개간에 주력하면서 농민의 토지를 매입하여 소유 토지를 확대해 나감으로써 지주전호제가 일반화되었다. 특히 양반들은 소작료와 미곡 매매, 토지 매입은 물론 상인들에게 자금을 대여한 후 막대한 이자를 청구하는 고리대로 재산을 축적하여 대부농이 되었고, 상대적으로 일부 양반은 몰락의 길을 걷게 되었다.

한편 농민들도 스스로의 노력으로 땅을 개간하고 수리 시설을 복구하면서 농기구와 시비법의 개량을 통해 부농으로 성장하는 계층이 나타나기 시작하였다. 특히 이앙법의 보급으로 벼와 보리의 이모작을 통해 생산량을 증대시키고, 노동력의 절감을 통한 광작을 실시함은 물론 쌀, 목화, 채소, 담배, 약초 등 상품 작물의 재배로 인해 점차 농민 지주로 성장하기도 하였다. 그러나 상대적으로 몰락한 농민들은 농토를 떠나 임노동이나 상공업에 종사하는 현상도 일반화되기 시작하였다.

3) 상품 화폐 경제의 발달

농업 생산력이 커지고 수공업 생산이 활발하게 이루어지자 농촌 인구의 도시 유입이 급격하게 증가하였다. 이에 공인과 사상이 상업 활동의 주역으로 등장하면서 칠패, 송파 등 도성 주변과 지방 도시에서 활발하게 사상이 등장하여 지방 장시를 연결하면서 상권을 확장해 나갔다.

당시 등장한 주요 상인으로는 인삼재배 판매로 전국에 지점을 두면서 대외무역에 관여한 송상과 운송업, 선박 생산을 통해 상권을 장악한 경강상인이 대표적이다. 특히 18세기 말엽에 이르면 장시를 통한 전국적인 유통망이 연결되었고, 장시를 하나의 유통망으로 연계시켜주는 보부상단까지 조직되기에 이르렀다. 여기에 객주와 여각 등이 활성화되면서 더욱더 상품 화폐 경제가 발달하게 되었다. 상공업 발달은 상평통보와 같은 금속화

상평통보

폐의 유통을 가져다주었으며 신용화폐인 환과 어음마저 이용하게 됨으로써 실질적인 화폐 경제의 틀이 조성되었다.

4) 사회 신분 구조의 변동

농업생산력의 발달과 상품 화폐 경제의 진전은 경영형 부농과 상업자본가, 임노동자, 독립수공업자의 출현을 가져왔으며, 붕당정치의 붕괴와 세도정치의 등장으로 권력을 잡은 일부의 양반을 제외하고는 다수의 양반이 몰락하는 결과를 초래하였다. 농민들도 역의 부담을 모면하기 위해 양반 신분을 사거나 족보를 위조하여 양반 행세를 함으로써 전반적으로 신분제도는 동요하기 시작하였다.

여기에 더하여 정부로서는 공노비의 유지비용이 커져서 노비의 효율성이 감소하고, 공노비를 입역노비에서 납공노비로 전환함으로써 얻는 경제적 효과가 점차 증대함에 따라 1801년(순조 1년) 중앙관서의 노비 6만 6천 명을 모두 해방하였다.

한편 양난 이전까지는 자녀 균분 상속과 남녀의 제사 공동 부담, 처가살이 등이 존재하였지만 조선 후기에 들어와서는 부계중심의 가족제도가 한층 강화되어 시집살이와 자녀차등, 상속 장남의 제사 전담 및 상속우대가 보편화 되었다.

5) 사회 변혁의 움직임

신분제의 동요와 지배층의 수탈이 심화되자 농민들은 적극적으로 항거 운동을 전개하였다. 1811년에 일어난 홍경래의 난은 일시적인 농민 봉기에 그쳤지만, 1820년 전국적인 수해와 1821년 콜레라의 만연 등으로 농민 경제가 파탄되자 농민들의 저항의식은 더욱 더 높아갔다. 특히 1860년 경주 출신 최제우가 사회모순 극복과 외세 침략 방어를 주장하며 시작된 동학이 제2대 교주 최시형을 거치면서 점차 농민층 깊숙이 확산되어 농민들의 사회의식은 더욱 성장해 나갔다. 동학은 유·불·선에 민간신앙이 결합된 것으로 시천주와 인내천을 강조하면서 신분 차별 철폐와 노비제도 폐지를 주장하는 한편, 여성과 어린이의 인격이 존중되는 사회를 추구하는 등 점차 체계화된 사상으로서의 모습을 갖추게 되었다. 1862년 일어난 임술농민봉기는 개항전후기를 거쳐 1894년 동학농민운동으로의 서막을 여는 중요한 사건이었다.

7 실학의 발달

1) 실학

두 차례의 전란 이후 새로운 변화에 대응하는 본질적 대책이 요구되는 상황에서 당시 지배계급의 학문이던 성리학이 사회적 기능을 다하지 못하고 합리적 수습책을 제시하지 못하자 반성과 비판이 일어났다. 특히 성리학 일변도에 대한 한계성이 드러나면서 실학이 등장했다.

실학은 조선 후기의 사회 문제들을 해결하려는 사회개혁적·근대지향적인 사회사상이라고 할 수 있다. 실학은 당시의 지배 이념이었던 성리학의 경직성과 관념성을 비판하고, 조선의 사회적 제 문제들의 해결책을 제시하고자 하였다. 그래서 형식과 명분에서 벗어나 현실에 대한 철저한 분석을 통해 비판적·실증적 논리로 개혁의 방안을 제시하려고 함으로써 경험적이고 실용적인 학풍을 발전시켰다. 그리고 중국을 통해서 들어온 서양의 과학 기술과 천주교에 대해서도 학문적인 관심을 기울여 인식의 폭을 넓혔다.

실학은 17세기 한백겸과 이수광, 유형원 등에 의해 시작되어, 18세기에 학파를 형성하여 성호학파와 북학파를 이루었다.

이러한 실학의 학파는 연구 경향과 관심의 초점에 따라 경세치용經世致用학파, 이용후생利用厚生학파, 실사구시實事求是학파로 구분되기도 한다.

경세치용학파는 성호학파를 중심으로 하며, 토지개혁과 농민생활의 안정을 중시하여 중농학파라고도 한다. 유형원의 『반계수록』, 이익의 『성호사설』을 거쳐 정약용의 『목민심서』, 『경세유표』에 의해서

거중기

완성되었다. 이들은 중세 체제의 기반이 되는 농민 생활의 안정을 위한 토지개혁을 부국강병과 민생안정의 중심 과제로 보았으며, 토지 제도와 행정기구 등의 제도개혁을 강조하였다.

이용후생학파는 북학파를 중심으로 하며, 상공업의 발달을 중시하여 중상학파라고도 한다. 홍대용의 『의산문답』, 박제가의 『북학의』, 박지원의 『열하일기』 등에 의해서 완성되었다. 이들은 농업에 기초한 유교적 이상국가론에서 벗어나 상공업의 진흥과 기술 혁신 등 부국강병을 위한 적극적인 방안을 제시했다.

실사구시학파는 실증적인 학문연구 방법을 중심으로 유교 경전과 금석문, 역사 등을 연구했다. 김정희, 이규경, 최한기 등이 대표적인 인물이다. 이들은 실학사상이 개화사상으로 넘어가는 시기에 활동했다.

실학은 실증적 · 민족적 · 근대지향적 인식을 발전시켰으나, 실학파의 실학 연구와 개혁 요구가 대체로 몰락한 지식층에 의해 이루어졌기 때문에 당시 정책에 반영되지 못하는 한계를 가지고 있었다. 또한 실학자들의 사회개혁안은 대부분 봉건체제의 안정적인 존속과 유지를 위한 것이어서 성리학의 근본적인 한계를 벗어나지 못하였다.

2) 국학 연구의 확대

성리학에 대한 반발은 국학에 대한 관심으로 나타났다. 실학으로 인해 중국 중심의 세계관에서 벗어나 우리의 역사, 지리, 언어 등을 연구하는 국학이 발달하게 되었다.

이로써 중국 중심의 세계관에서 벗어나 우리 역사를 독립된 역사로 파악하려는 노력이 이루어지게 되었다.

안정복은 이익의 역사의식을 이어받았는데, 그가 지은 『동사강목』은 중국 중심의 역사관에서 벗어나 민족의 역사적 정통성을 밝히고자 한 것이었다.

또한 한치윤은 『해동역사』에서 다른 나라의 자료까지 인용하면서 민족사 인식의 폭을 넓히는 데 이바지했으며 이긍익은 『연려실기술』에서 조선 시대의 정치와 문화를 실증적이고 객관적으로 서술했다.

유득공은 『발해고』를 저술해 한반도 중심의 협소한 사관을 극복하는 데에 큰 공적을 남겼다.

지리적으로도 중국 중심적 사고에서 벗어나 과학적이고 정밀한 지도와 지리지가 제작, 편찬되었다. 당시 유명한 지도로는 정상기의 '동국지도'와 김정호의 '청구도', '대동여지도' 등이 있으며 이중환의 『택리지』에는 우리나라 각 지방의 자연환경과 인물, 풍속, 인심의 특징 등이 자세하게 설명되어 있다.

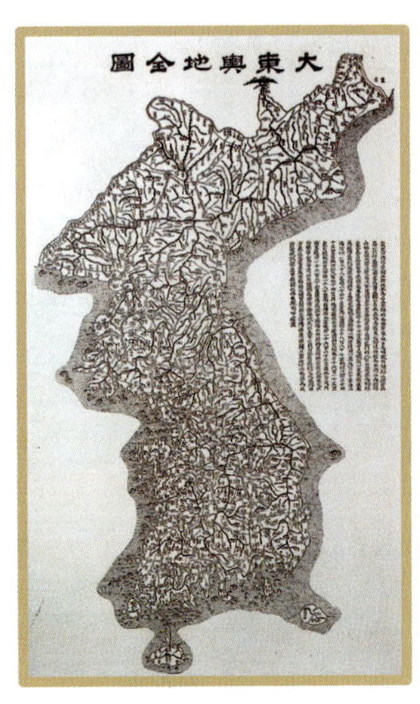

대동여지전도

한글에 대한 학문적 연구도 활발해져 음운학에 대한 연구로 신경준이 『훈민정음운해』, 유희가 『언문지』 등을 저술했다. 어휘 수집에도 힘을 기울여 이성지의 『재물보』, 권문해의 『대동운부군옥』, 이의봉의 『고금석림』 등이 편찬되었다. 이러한 연구 성과는 한글의 우수성을 인식하여 문화적 자아의식을 크게 높여 주는 역할을 했다.

학문 연구가 다방면으로 확대되어 문화 인식이 넓어짐에 따라 백과사전 성격을 띤 저서가 많이 편찬되었다. 일찍이 이수광은 『지봉유설』을 지어 문화의 각 영역을 항목별로 나누어 저술했으며 18~19세기에는 이익의 『성호사설』, 이덕무의 『청장관전서』, 이규경의 『오주연문장전산고』 등의 백과사전류가 편찬되었다.

3) 문화의 새 경향

상공업 발달로 인한 서민의 지위향상은 서민문화의 탄생을 가져다주었다. 주로 상인, 중인층, 부농층, 광대 등이 주도한 서민문화는

조선 후기 풍속화

감정의 적나라한 표현으로 양반의 위선을 비판하고 사회의 부정과 비리를 풍자, 고발하는 내용을 담고 있었다.

대표적인 서민문화로는 판소리와 탈놀이가 있다. 19세기 후반 신재효가 사설을 창작하여 정리한 판소리는 서민들의 애환과 당시 사회의 부조리를 소리로 읊조렸으며, 탈을 쓰고 양반들의 허구성을 통렬하게 폭로하였던 탈놀이는 장시를 중심으로 널리 공연되었다.

한편 회화의 부분에서는 우리의 자연을 사실적으로 표현하는 진경산수화가 정선에 의해 그려지기 시작하였으며, 김홍도와 신윤복은 여기서 한걸음 더 나아가 당시 사람들의 생활 정경과 일상적 모습을 생동감 있게 표현하는 풍속화를 그렸다.

참고문헌

김동현, 『서울의 궁궐건축』, 시공사, 2002

김용섭, 『한국 중세 농업사 연구』, 지식산업사, 2000

윤돌, 『마음으로 읽는 궁궐이야기』, 이비컴, 2004

정만조, 한충희, 김인걸 외, 『조선의 정치와 사회』, 집문당, 2002

정옥자, 『조선시대 문화사』 상, 일지사, 2007

한국사연구회, 『한국사 연구입문』, 지식산업사, 1987

한국역사연구회, 『조선시대 사람들은 어떻게 살았을까』 1 · 2, 청년사, 2005

한국역사연구회, 『한국역사입문②』 중세편, 풀빛, 1995

한영우, 『조선전기 사회경제 연구』, 을유문화사, 1983

홍순민, 『우리 궁궐 이야기』, 청년사, 1999

5장

근대사회

1 개항과 근대변혁운동

1) 흥선대원군의 집권과 민씨 정권의 수립

19세기 중엽 외척가문이 국정을 독점하는 세도 정치가 전개되면서 요직을 장악하고 정치를 좌우하게 되자 국가기강이 해이해지고 수탈과 부정이 극심하였다. 정치적 혼란과 전정, 군정, 환곡의 문란으로 사회의 동요가 일어나 순조 때에는 홍경래의 난, 철종 때에는 진주, 개령, 공주 등 전국에서 통치 질서를 부정하는 반봉건적 농민항쟁이 발발하였다. 또한 18세기 후반부터 서양세력이 접근하는 등 조선정부는 근대화를 이룩하면서 외세의 침략으로부터 국권을 수호해야 하는 양면의 과제를 안게 되었다.

철종에 이어 고종이 어린 나이에 왕위에 오르게 되자 생부인 흥선군 이하응이 대원군이 되어 정치적 실권을 잡게 되었다. 흥선대원군은 대내적으로는 세도정권기 동안 왕권을 무력화시켰던 비변사를 폐지하고 의정부를 부활시켰으며 세도정치의 폐단을 제거하면서 능력에 따라 인재를 등용하였다. 토호세력의 근거지였던 서원을 정비하고 호포법을 실시하여 군포를 양반에게도 부과하고 고리대로 변질된 환정을 정부가 자본을 출연한 사창제로 개혁하여 중간 수탈을 억제했다.

대원군의 내정개혁은 농민의 부담을 줄이고 나라살림을 넉넉하게 하는 성과는 있었지만, 서원철폐와 호포법 실시는 기득권층의 반발을 불렀다. 또한 경복궁을 다시 지으면서 백성들에게 원납전을 강제로 거두고 당백전이라는 악화를 유통시켜 물가를 치솟게 하는 등 토목공사에 농민과 물자를 강제로 징발해 백성의 원망을 샀다. 결국 봉건사회의 모순을 구조적으로 해결하기보다는 전제왕권강화를 목적으로 한 전통체제 내에서의 개혁이라는 한계성을 지녔다.

대외적으로는 거세게 밀어닥치는 외세의 침투를 물리치기 위하여 통상수교 요구를 거부하였다. 병인양요와 신미양요 등 프랑스와 미국의 침공을 격퇴한 흥선대원군은 척화비를 전국 각지에 세우고 통상수교 거부정책을 강화하였다. 이에 대해서는 국제정세의 변화를 파악하지 못하고 문호개방을 가로막았다는 비판도 있다.

결국 고종의 친정 발표로 대원군은 하야하고 민씨 정권이 수립되었다. 이들은 청과의 외교관계를 유지하면서 자신들의 정권을 안정시키는 범위 내에서 문호개방정책을 추진하였다. 이후 일본이 무력으로 조선을 개항하고자 운요호를 파견하여 조약체결을 강요하자 결국 조선은 일본과 강화도조약을 맺어 문호를 개방하게 되었다. 강화도 조약은 우리나라가 외국과 맺은 최초의 근대적인 조약이었지만, 일본인은 개항장에서 치외법권을 누렸으며 부산과 인천, 원산이 차례로 개항됨으로써 일본의 침략의도가 드러난 불평등조약이었다.

▌강화도조약

제1조 조선은 자주국으로서 일본과 평등한 권리를 가진다.
제2조 양국은 수시로 사신을 파견하여 교제사무를 협의한다.
제3조 두 나라 사이에 오고가는 공문은 일본은 일본글을 쓰되 조선은 한문을 쓴다.
제4조 이미 오래전부터 조선에 일본 공관이 지어져 있었음으로 이제는 새로 만든 조약에 근거해 무역 사무를 처리한다.

제5조 20개월 이내에 조선은 부산 이외에 항구 두 곳을 개항하여 통상을 해야 한다.

제6조 일본 배가 조선 연해에서 위험에 처했을 때 관민이 적극 도와야 한다.

제7조 조선은 연안 항해의 안전을 위해 일본인이 자유롭게 조선 해안을 측량할 수 있도록 허용한다.

제8조 일본 정부는 조선에서 지정한 항구에 일본 상인을 관리하는 관원을 두고, 양국이 교섭할 안건이 있을 때 해당관원은 지방관과 서로 상의하여 처리한다.

제9조 양국 국민은 자유로이 무역하며, 빚진 상인들이 있으면 양국이 잡아서 빚을 갚게 한다. 단 양국 정부가 대신 갚아줄 수는 없다.

제10조 일본인이 조선에서 죄를 지어도 조선 정부가 재판할 수 없고, 일본이 자국 법에 의하여 재판하도록 하는 치외법권을 인정한다.

제11조 양국 상인들의 편의를 추구하기 위해 추후 강화에서 통상 장정을 체결한다.

제12조 이상의 11개 조항을 결정한 날부터 영구히 성실하게 준수하여 우의를 두텁게 다진다.

강화도조약 체결 장소

2) 개화 운동

개항 후 조선 정부는 일본의 요청에 따라 수신사와 신사유람단을 파견하여 일본 등지를 사찰하게 하였으며 청에는 영선사를 파견하여 무기제조 기술 등을 배우게 하였다. 또한 정부는 개화정책을 추진하기 위하여 통리기무아문이라는 새로운 기구를 설치하고, 군사제도도 종래 5군영을 무위영, 장어영의 2영으로 바꾸고 신식군대 양성을 위한 별기군을 설치하여 일본인 장교를 교관으로 초빙하는 등 근대식 군사 훈련을 실시하였다.

그러나 개화정책에 대해 보수적인 유생층은 조선을 파멸로 이끄는 것이라며 반대하는 등 위정척사운동의 형태로 개화정책에 대한 반발이 일어났다.

이에 신식군대에 대해 차별을 받았던 구식군인들이 개화정책에 반발하여 정부 고관의 집과 일본 공사를 습격하고 일본인 교관을 살해하는 등의 봉기를 했다(임오군란, 1882년). 이에 민씨 일족을 몰아내고 흥선대원군이 재집권하였지만, 청의 간섭으로 대원군이 납치되어 민씨 정권이 다시 들어서게 되었다.

일본은 이 사건을 구실로 조선과 제물포조약을 체결하여 배상금을 받아내고 일본공사관에 경비병을 주둔시켰다. 청 또한 조선에 군대를 주둔시키고 내정과 외교문제에 적극적으로 관여하였다.

임오군란 이후 민씨 정권이 청에 의지하여 김옥균 등의 개화파를 정부요직에서 밀어내자 개화당 요인들은 우정국 낙성식을 이용하여 일대정변을 일으켜 정권을 장악했다(갑신정변, 1884년). 정치적으로는 청에 대한 사대외교 폐지, 입헌군주적 정치 수립을 주장하고 경제적으로는 지조법 개정으로 국가재정을 충실히 하려 하였으며 사회적으로는 인민평등권과 능력에 따른 인재 등용으로 정치참여의 기회를 넓히고자 하였다.

그러나 갑신정변은 3일 천하로 끝나고 청군이 공격해오자 지원을 약속한 일본군은 청과의 충돌이 시기상조라 판단하고 철수해버렸다.

갑신정변은 위로부터 조선사회를 낡은 봉건체제에서 근대사회로 발전시키려 했다는 최초의 시도였다는 점에서 획기적인 일이었지만, 일반 민중, 농민의 지지를 받지 못하고 지나치게 일본 등의 외세에 의존하였다는 것이 큰 한계였다.

갑신정변 후 조선은 일본의 강요로 배상금 지불, 사죄 등을 내용으로 하는 한성조약을 체결하였으며 청일 양국군은 장차 조선에 파병할 경우 상대국에게 미리 알릴 것과 사건이 해결되면 즉시 철수할 것 등을 내용으로 하는 텐진조약을 체결하였다.

우정총국(갑신정변 거사장소)

▌혁신 정령 14조

제1조 청에 잡혀간 흥선대원군을 가까운 시일 안에 돌아오게 하고, 청에 바치던 조공을 폐지한다.

제2조 문벌을 폐지하여 인민 평등권을 제정하고, 능력에 따라 관리를 임명한다.

제3조 지조법을 개혁하여 관리의 횡포와 부정을 막고 백성을 구제하고, 국가 재정을 넉넉하게 한다.

제4조 내시부를 없애고, 그 가운데서 우수한 인재를 뽑아 등용한다.

제5조 부정한 관리 중 그 죄가 심한 자는 엄벌에 처한다.

제6조 각 도의 상환미 제도를 영구히 없애도록 한다.

제7조 규장각을 폐지한다.

제8조 조속히 순사제도를 마련하여 도둑을 방지한다.

제9조 혜상공국(전국의 보부상을 관리하는 관청)을 혁파한다.

제10조 유배 생활을 하는 자와 옥고를 치르는 자 중에 그 정상을 참작하여 풀어주도록 한다.

제11조 4영을 1영으로 통합하되, 빠른 시간 내에 영 중에서 장정을 선발하여 근위대를 설치한다.

제12조 모든 재정은 호조에서 관할하게 한다.

제13조 대신과 참찬은 합문 내의 의정부에 모여 정령을 논의, 의결하고 실행한다.

제14조 의정부와 육조 외에 모든 불필요한 관청을 없애고, 대신과 참찬이 합의하여 처리하도록 한다.

3) 동학농민운동

자본주의 열강의 침탈과 지배층의 착취로 인하여 농촌경제가 파탄에 이르자 농민들 사이에서는 사회변혁의 욕구가 고조되었다.

이러한 가운데 교세가 삼남지방으로 확대되어갔던 동학의 인간 평등사상과 사회개혁사상이 농민의 요구에 부합되었고 이에 따라 농민

전쟁의 형태로 바뀌어 갔다.

1894년 전라도 고부군수 조병갑의 탐학에 항거하여 전봉준 등의 농민군은 관아를 습격하여 군수를 내쫓고 아전들을 징벌한 뒤 곡식을 농민에게 나누어 주고 해산하였다.

그러나 봉기를 조사하러 온 안핵사 이용태는 오히려 모든 책임을 동학의 탓으로 돌리고 동학교도들을 체포, 처형하는 만행을 저질렀다.

이에 전봉준, 김개남, 손화중 등의 농민군은 보국안민輔國安民의 깃발을 걸고 고부를 점령하고 백산에 집결하였다. 이후 태인을 점령한 농민군은 황토현에서 전라도 감영군을 격파하는 큰 승리를 거두었고 이어 정읍, 고창, 영광, 함평, 무안, 나주 등지를 점령하였다. 전주에 도착한 정부군을 농민군은 장성 황룡촌으로 유인하여 물리치고 전주성에 무혈입성했다.

관군의 패배로 정부는 청나라에 군대 파견을 요청하였으며 이에

황토현기념관

폐정개혁 12조

제 1 조 정부는 동학교도와의 원한을 씻어내고 서정(庶政)에 협력한다.
제 2 조 탐관오리의 죄상을 낱낱이 조사하여 엄중하게 처리한다.
제 3 조 횡포한 부호를 엄중히 처벌한다.
제 4 조 불량한 유림과 양반을 징벌한다.
제 5 조 노비 문서를 불태운다.
제 6 조 칠반천인(七班賤人) 차별을 개선하고 백정이 쓰는 패랭이를 없앤다.
제 7 조 청상과부의 재가를 허가한다.
제 8 조 무명의 잡부금을 일체 폐지한다.
제 9 조 관리를 채용할 때는 지체와 문벌을 타파하고 인재를 등용한다.
제10조 왜와 통하는 자는 엄벌한다.
제11조 공사채는 물론이요, 기왕의 것을 모두 면제해준다.
제12조 토지는 균등하게 분작한다.

청군이 아산만에 상륙하자 톈진조약을 구실로 일본군도 인천에 상륙했다.

조선에서 일본군과 청군의 충돌이 우려되는 가운데 농민군과 정부군 사이에 전주화약이 맺어졌다. 이에 농민군은 폐정개혁 12조를 제시하고 일단 해산하였다. 전주화약에 따라 전라도 관찰사 김학진과 전봉준은 민정기관인 집강소를 설치하여 폐정개혁안을 실천에 옮기려 하였으며 집강소 체제를 통해 치안, 행정을 담당케 하였다.

전주화약 체결로 외국군대 주둔의 명분이 없어졌지만, 일본이 청의 세력을 몰아내기 위해 무력으로 경복궁을 점령하여 민씨 정권을 내쫓고 아산만에 진주해있던 청군을 공격하면서 청일전쟁이 발발하였다(1894년).

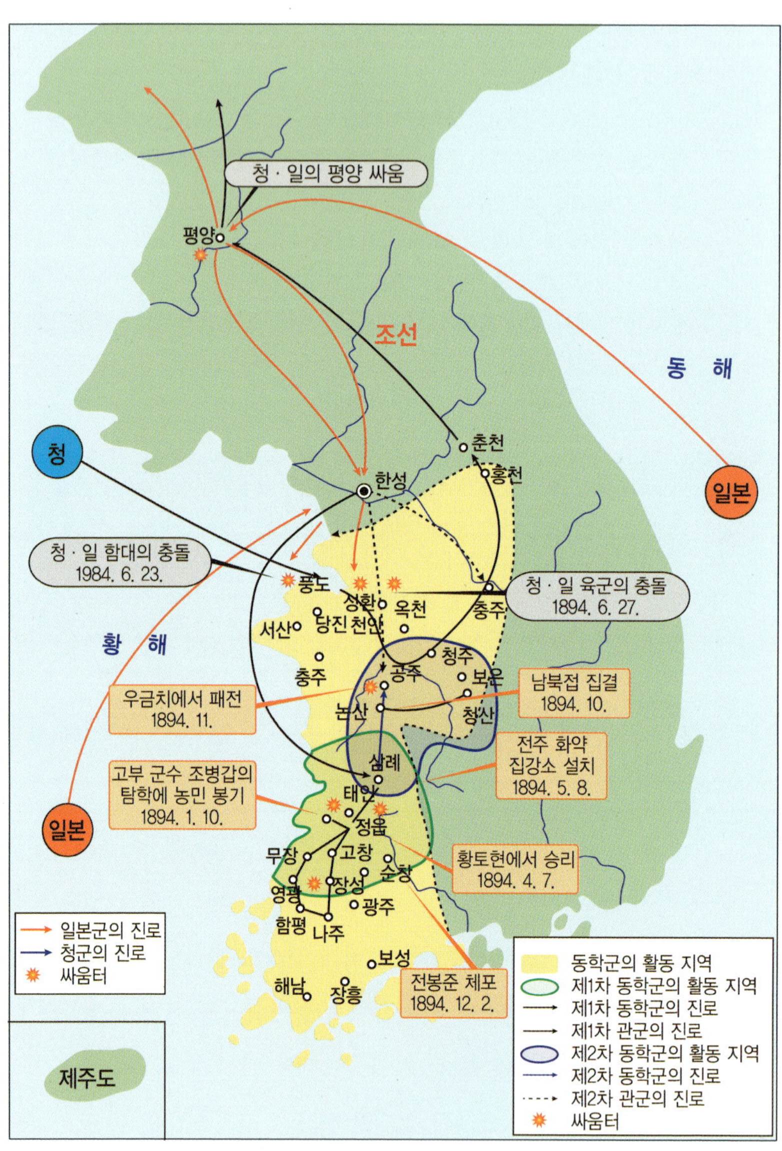

동학농민운동과 청일전쟁

평양전투에서 청을 물리친 일본은 친일 갑오정권을 내세워 내정간섭을 강화하였으며 친일 갑오정권은 일본군에게 농민군의 토벌을 요청하였다.

이에 대규모의 동학농민군이 다시 일어났으며 이번에는 손병희의 북접의 동학교도들도 합세하여 논산에 집결했다가 공주의 우금치에서 일본군과 관군 연합군에 맞서 치열한 공방전을 벌였지만, 화력의 열세로 결국 패배하고 말았다.

동학농민운동은 비록 일본군의 압도적인 무력과 친일 개화파, 양반 유생층의 탄압으로 좌절되었지만, 반봉건적 성격은 갑오개혁에 부분적으로 반영되어 성리학적 전통질서의 붕괴를 촉진하였고 반침략적 성격은 의병운동으로 계승됨으로써 반일 무장투쟁을 활성화시키는 계기가 되었다.

4) 갑오개혁

김홍집을 수반으로 한 갑오정권은 군국기무처를 중심으로 개혁을 추진하여 제1차 갑오개혁을 추진하였다. 정치적인 면에 있어서 조선이 자주국임을 선언하여 청의 종주권을 부인하였으며 왕권 축소와 내각의 권한 강화, 과거제 폐지, 신분 차별 없이 인재 등용하는 관리임용법 등을 실시하였다. 경제적으로는 재정기관을 탁지아문으로 일원화했고 은본위의 화폐제도를 실시하여 상품 유통을 원활하게 하고 도량형을 통일하였다. 사회적으로는 신분제를 철폐하여 양반과 평민의 계급을 타파하였고 공·사노비제도를 폐지하였으며 적서차별을 없애고 과부의 재가를 허용하였다.

갑오개혁은 갑신정변의 정강이나 동학농민군의 폐정개혁안을 상당히 받아들인 근대적인 개혁이었으나 근본적인 토지제도의 개혁안이 마련되지 않았고 농민층보다는 지주의 입장을 옹호하는 등의 한계가 있었다.

평양전투를 계기로 청일전쟁에서 승리한 일본은 내정간섭을 적극적으로 추진하여 김홍집, 박영효 내각을 구성하고 고종에게 홍범14조를 발표하게 하여 청의 간섭과 왕실의 정치개입을 배제했다. 이들 2차 개혁은 지방, 군사, 사법, 교육, 징세 제도 등의 개혁을 추진하여 입헌군주제적 권력구조로의 변동을 꾀한 것이었으나 실현할 재정이 뒷받침되지 못하여 탁상공론에 그쳤으며 삼국간섭으로 박영효 내각이 실각됨으로써 중단되었다.

삼국간섭 이후 국내에 친러파 세력이 형성되어 개혁파와 친러파의 연립내각인 제3차 김홍집 내각이 수립되었다. 명성황후는 이를 기회로 친러파와 연결하여 일본의 세력을 제거하려고 하였으나 일본은 낭인을 모아 명성황후를 시해하는 만행을 저질렀다.

을미사변을 계기로 친러파는 붕괴되고 제4차 김홍집 친일 내각이 수립되어 단발령 등이 추진되자(을미개혁) 명성황후의 시해로 울분에 쌓여 있던 유생층과 농민들에 의해 전국적으로 의병이 일어났다.

이후 고종이 러시아 공사관으로 피신함에 따라(아관파천) 갑오경장은 무너졌으며 김홍집을 비롯한 개화파 관료들은 살해, 유배되거나 일본으로 망명하였다.

갑오개혁·을미개혁은 봉건적 전통질서를 타파하는 등 제도적인 면에 있어서 근대적인 개혁이었지만, 일본에 의해 강요되어 추진되는 등 자주성을 상실하여 민중의 지지를 얻지 못한 한계를 갖고 있는 타율적·기형적 개혁이었다.

1차 갑오개혁 내용

- 제1차 김홍집 내각으로 개혁 추진 기구 군국기무처를 설치하고 민씨 세력을 축출하고 흥선대원군이 다시 집권.
- 중앙을 의정부와 궁내부로 분리하고 육조를 8아문으로 개편.
- 관료제도는 18단계 품계를 3단계로 축소하고 과거제를 폐지.
- 청의 속국임을 부정하여 개국기원을 사용.
- 국가 재정 일원화를 위해 탁지아문을 설치하고, 신식 화폐 단위 은본위제와 조세 금납제를 실시.
- 도량형을 통일.
- 반상 제도와 연좌제를 폐지하고, 조혼 금지, 과부의 재가를 허용.

2차 갑오개혁 내용

- 갑신정변 주모자 박영효(내부대신), 서광범(법무대신)이 참여한 2차 김홍집 내각으로 흥선대원군을 퇴진시킴.
- 홍범 14조를 발표.
- 의정부와 아문의 명칭을 내각과 부로 바꾸고, 농상아문과 공무아문을 농상공부로 통합하여 7부로 개편.
- 궁내부를 축소하고, 지방 행정제도 23부 337군으로 개편.
- 행정과 사법을 분리.
- 교육의 중요성 강조하며 근대적 교육을 준비.

을미개혁 내용

- 제4차 김홍집 내각으로 태양력을 사용.
- 훈련대와 시위대를 통합하여 서울에는 친위대, 지방에는 진위대를 두는 군제 개혁을 단행.
- 교육제도를 개혁하여 근대식 학교를 설치.
- 단발령을 실시.

2 독립협회운동과 대한제국 수립

1) 독립협회운동과 애국계몽운동

아관파천에 의해 김홍집 친일 내각이 무너지고 친미, 친러파 정권이 성립되었지만, 국왕이 러시아 공사관에 머무르고 있는 동안 러시아를 비롯한 열강의 침탈은 더욱 심해졌다.

이러한 시기에 갑신정변의 주동자로 미국에 망명했던 서재필이 귀국하여 민중의 힘으로 자주독립국가를 수립하고자 독립신문을 창간하고 독립협회를 창립하였다. 독립협회는 사대의 상징인 영은문을 헐고 독립문을 세웠고 모화관을 독립관으로 다시 짓는 등 자주독립과 근대개혁을 주장하였다.

또한 독립협회 회원들은 자주 국권 확립을 촉구하기 위해 근대적인 민중대회인 만민공동회를 열어 운동을 대중적으로 넓혀나갔다. 이후 민중을 배경으로 자주국권운동과 자유민권운동, 자강개혁운동을 전개하고 나아가 서구의 상원의회와 같은 중추원을 만들고자 국민참정운동도 전개하였다.

그러나 시민의식이 성숙하지 못한 상태에서 서구식 입헌군주제의 실현을 목표로 했기 때문에 보수 세력의 지지를 얻지 못하였다. 결국 독립협회는 군주제를 폐지하고 공화제를 실시하려 한다는 모함을 받아 3년 만에 해산되었다.

그러나 독립협회는 러시아를 뺀 구미열강이 조선을 침략할 의사가 없다고 인식하는 등 서구자본의 이권침탈에 반대하지 않았으며 특권

독립문

계층에 제한된 민권의 주장으로 민중을 개혁의 동반자가 아니라 계몽과 지도의 대상으로 인식하는 한계를 갖고 있었다.

결국 반봉건, 반침략운동의 주체이자 원동력인 민중을 믿지 못하고 제국주의의 침략성을 올바로 깨닫지 못하여 자주독립과 근대적 개혁에 이르지 못하였다.

독립협회 해산 이후 1904년 일본의 황무지 개간권 요구 반대운동을 전개했던 보안회가 조직되어 일제의 황무지 개간권 요구를 철회시켰지만 일제의 탄압으로 해산되었다. 을사늑약을 계기로 장지연 등에 의해 헌정연구회를 계승한 대한자강회가 결성되어 교육과 산업 진흥 등 실력양성 운동을 전개하였다. 그러나 고종 강제퇴위 반대운동을 전개하여 해산되었다. 이후 대한자강회는 대한협회로 계승되었으나 친일단체로 변질되고 말았다.

한말 최대의 비밀결사체인 신민회는 민족산업과 민족교육의 육성을 주요 과제로 설정하고 경제적 실력양성운동과 만주, 연해주 등지에 독립군 기지를 건설하여 무장투쟁을 준비하였다. 당시 신민회가 존재하던 시기에 지방별 애국계몽운동 단체로서 서북학회, 기호흥학회, 관동학회 등이 있었다. 이러한 각종 애국계몽운동단체의 간부에는 신민회 회원이 참여하여 그들의 운동이 신민회의 국권회복운동에 일치되도록 활동하기도 했다.

서북학회 회관(현재 건국대학교 박물관)

2) 대한제국 수립

아관파천 1년 만인 1897년 고종은 자주 독립의 근대국가임을 선언하라는 국민의 열망에 힘입어 경운궁(덕수궁)으로 환궁한 후 연호를 광무光武로 정하고 환구단에서 황제 즉위식을 거행하여 대한제국의 수립을 선포하였다.

광무정권은 시정원칙을 구본신참舊本新參으로 하고 전제군주권을

환구단

강화하여 위로부터의 근대국민국가를 이루려고 하였다. 광무정권의 전제황권 강화는 입헌군주제와 의회설립을 주장하는 독립협회의 정치 개혁운동과는 대립되는 입장이었다.

대한제국은 국가의 자주성을 실질적으로 뒷받침하는 데 필요한 국방력 강화와 재정 그리고 상공업 육성을 위해 노력했다.

황제의 군권장악을 강화하였으며 광산, 홍삼, 철도 등의 수입을 황제가 직접 장악했다. 자주적 외교를 추진하여 교민보호를 위해 북간도관리사를 설치하고 해삼위통상사무관을 파견하였으며 한청 통상조약을 체결하여 청과 국제적으로 대등한 관계가 되었다.

정부는 국가 재정과 합리적 조세제도를 확보하기 위하여 토지조사사업을 실시하였고 토지소유주에게 근대적 토지증서인 지계를 발급했다. 하지만 이 사업은 지주나 부농들에게 유리했을 뿐이었다.

근대적 기술학교인 기예학교, 의학교, 상공학교, 외국어학교 등을 설립하는 한편, 재판소, 국립병원을 설립하는 등 위로부터의 근대화

정책을 추진했다.

그러나 광무개혁은 전제황권을 중심으로 한 보수적 근대개혁이었으며 구미열강의 이권 침탈과 일본의 방해로 실패로 끝나고 말았다.

▌독도문제

역사적으로 독도는 6세기 신라가 우산국을 정벌한 이후 울릉도와 함께 우리나라의 영토였다.

『세종실록지리지』(1454년)에는 "울릉도와 독도, 두 섬이 서로 거리가 멀지 않아 날씨가 맑으면 바라볼 수 있다"고 기록되어 있다.

예로부터 울릉도 주민들은 독도를 울릉도의 부속 섬으로 인식하고 있었고 숙종 때는 안용복이 울릉도에 불법 침입한 일본 어부를 축출하고 우리 영토임을 확인시키기도 하였다.

대한제국은 1900년 칙령 제41조를 공포하여 울릉도를 군으로 격상시키고 그 관할구역을 울릉도 전체와 죽도, 석도로 정했다.

일본의 경우 1696년 도쿠가와 막부의 '울릉도 도해금지' 문서, 19세기 말 메이지 정부의 '조선국교제시말내탐서'(1870년), '태정관지시문'(1877년) 등 정부의 공문서를 통해 독도가 일본과 관계없다는 것을 확인하기도 하였다.

그러다가 러일전쟁 중인 1905년 2월 시마네현 고시에 의해 일방적으로 독도를 자기 영토로 불법 편입시켰다.

제2차 세계대전의 종전과 더불어, 일본은 폭력과 탐욕에 의해 탈취한 모든 지역으로부터 축출되어야 한다는 카이로선언(1943년) 등 전후 연합국의 조치에 따라 독도는 한국의 영토로 회복되었다. 전후 일본을 통치했던 연합국총사령부의 훈령(SCAPIN) 제677호를 통해서도 독도는 일본의 통치적·행정적 범위에서 제외되었다.

현재 우리나라는 대한제국 칙령 제41조가 공포된 날을 기념하여 10월 25일을 독도의 날로 제정하였다.

勅令

勅令第四十號
外國語學校와醫學校와中學校卒業人을該學校에敍用ᄒᆞᄂᆞᆫ官制
第一條 外國語學校와醫學校와中學校에卒業ᄒᆞᆫ人은該校敎官을敍任在窠ᄒᆞ엿다가該校敎官이有闕ᄒᆞ야塡補ᄒᆞᆯ時에ᄂᆞᆫ卒業生敎官敍任ᄒᆞᆫ人으로特別試驗을經ᄒᆞ야塡任ᄒᆞᆷ이라
第二條 本令은頒布日로봇터施行ᄒᆞᆷ이라
光武四年十月二十五日
御押 御璽 奉
勅 議政府議政臨時署理贊政內部大臣 李乾夏

勅令第四十一號
鬱陵島를鬱島로改稱ᄒᆞ고島監을郡守로改正ᄒᆞᆫ件
第一條 鬱陵島를鬱島라改稱ᄒᆞ야江原道에附屬ᄒᆞ고島監을郡守로改正ᄒᆞ야官制中에編入ᄒᆞ고郡等은五等으로ᄒᆞᆯ事
第二條 郡廳位寘ᄂᆞᆫ台霞洞으로定ᄒᆞ고區域은鬱陵全島와竹島石島를管轄ᄒᆞᆯ事
第三條 開國五百四年八月十六日官報中官廳事項欄內鬱陵島以下十九字를刪去ᄒᆞ고開國五百五年 勅令第三十六號第五條江原道二十六郡의六字ᄂᆞᆫ七字로改正ᄒᆞ고安峽郡下

3 개항 이후의 경제와 사회

1) 외세의 경제 침탈

가) 외국 상인의 침투와 무역의 증대

개항 직후 무역은 일본 상인이 주도하였지만, 1880년대 이후에는 청에서 온 상인이 가담하여 경쟁을 벌였다. 일본과 청의 상인들은 처음에는 영국산 면제품을 사들여와 조선에서 팔았고, 조선의 쇠가죽, 쌀, 콩, 금 등을 가져갔다. 1890년대 후반부터 일본 상인은 일본산

이권 내용과 침탈국(1876~1905년)

연도	이권 내용	이권 침탈국
1876	무관세 무역권, 외국화폐 통용권	일본
1882	평안도·황해도 연안 어채권, 상해-인천 윤선 운항권, 해관 인사권 한성(서울) 상점 개설권 상해-시모토세키-부산-인천 윤선 정기 운항권	청 영국
1883	부산-시모노세키 해저전선 가설권, 조선연해 화물 운송권, 전라도·경상도·함경도 연안 어채권, 조선연해 화물 운송권, 해관 수세권	일본
1885	인천-한성-의주 전선 가설권, 서울-부산 가설권 조선-일본 윤선 정기운항권	청 일본
1886	부산 절영도 저탄소 설치권, 창원 금광 채굴권 전라도 세미 운송권	일본 독일
1887	제주도 연해 어채권	일본
1888	두만강 운항권, 한로은행 개설권 경기도 연안 제한 어채권 군함 밀무역권	러시아 일본 청
1890	조선-일본 윤선 정기운항권	일본
1891	인천 월미도 저탄소 설치권, 경상도 연해 포경권 원산 저탄소 설치권	일본 러시아
1892	인천-한성 한강 운항권 화폐주조원료 독점 제공권	청 일본
1895	운산 금광 채굴권 인천-부산, 인천-대동강, 인천-함경도 윤선 정기항로 개설권	미국 일본
1896	경인철도 부설권 경원·종성 광산 채굴권, 인천 월미도 저탄소 채굴권 압록강·울릉도 산림 벌채권, 동해 포경권 경의철도 부설권	미국 러시아 프랑스
1897	당현(강원도 금성군) 금광 채굴권 서울 전기수도 시설권 부산 절영도 저탄소 설치권	독일 미국 러시아
1898	서울 전차 부설권 경부철도 부설권, 평양 탄광 석탄 전매권 운산(평남) 금광 채굴권	독일 미국 러시아
1900	직산(충남) 금광 채굴권	일본
1901	창성(평북) 금광 채굴권 경기도 연해 어업권	프랑스 일본
1903	평양 무연탄 채굴권	프랑스
1904	충청도·황해도·평안도 어채권	일본
1905	후창(평북) 광산 채굴권, 통신 관리권, 하천 운행권, 화폐 주조권	일본

면제품을 비롯한 여러 종류의 공산품을 들여왔다.

무역의 증대는 경제생활에 많은 변화를 가져왔다. 특히 면제품을 들여오고 곡식을 가져가는 구조는 폐단이 매우 컸다. 값싼 외국산 면제품은 가내수공업 위주로 이루어진 국내의 면공업 발전에 심각한 영향을 주었고, 이에 따라 농민의 수입이 크게 줄어들었다. 또한 일본 상인은 영사재판권, 일본 화폐 사용권, 무관세 및 일본 정부의 정책 지원에 힘입어 약탈적인 무역 활동을 자행하였다. 일본으로 쌀의 유출이 크게 늘어나면서 쌀 부족과 쌀값 인상에 따른 물가인상이 나타나 생계를 위협받을 정도였다. 일부 지주나 상인은 쌀 수출에 적극 가담하여 많은 이익을 얻었고, 이를 다시 토지 매입에 투자하거나 불법적인 방법을 통해 토지를 획득함으로써 대지주로 성장해 갔다.

나) 제국주의 열강의 경제 침탈

청일전쟁 이후 조선에 대한 열강의 경제침탈은 한층 더 강화되어 이권탈취, 금융지배, 차관제공 등의 양상을 띤 제국주의적 경제 침탈 단계에 들어섰다. 아관파천(1896) 이후 정치적 영향력이 커진 러시아는 재정과 군사 고문을 러시아인으로 하여 광산채굴권이나 삼림벌채권을 차지하였다. 미국은 운산금광 등 광산채굴권과 철도, 전기 등의 이권을 차지하였다. 영국, 프랑스, 독일도 각각 이권을 차지하였다.

일본은 개항 직후 일본제일은행의 지점을 설치하고, 은행 업무 외에 세관과 화폐정리 업무까지 담당하여 대한제국의 금융을 장악하였다. 청일전쟁 이후 내정간섭을 시작하면서 이권획득을 목적으로 차관을 제의하여 실현시켰다. 일본의 차관제공 정책은 대한제국을 재정적으로 일본에 완전히 예속시키려는 의도였다. 러일전쟁을 계기로 일본은 철도부지와 군용지 확보를 구실로 토지약탈을 자행하였다. 또한 대륙 침략을 위해 우리나라의 남북을 연결할 철도부설에 주력하였다. 그 결과 서울과 부산, 서울과 의주, 서울과 인천을 연결하는 철도부설권을 모두 차지하였다. 경인선과 경부선을 부설하면서 철도 부지 중 국유지를 무상으로 약탈하였고, 사유지는 정부가 소유자로부터 사들여 제공하도록 강요하였다. 일본은 원하는 곳에 군용지를 모두 확보하였고, 군용지 주변의 토지를 약탈하기도 하였으며 농민들을 강제로 철도 부역에 동원하였다.

2) 경제적 구국운동의 전개

가) 방곡령 시행

흉년으로 쌀이 부족해질 경우 지방관이 쌀의 수출을 금지하는 명령인 방곡령을 실행할 수 있었다. 개항 이후 곡물의 일본 유출이 늘어나면서 곡물 가격의 폭등 현상이 나타났고, 여기에 흉년이 겹치자 함경도(1889)와 황해도(1890) 지방관들은 방곡령을 내리게 되었다. 그러나 일본은 방곡령을 내리기 1개월 전에 미리 통고해야 한다는 조・일 통상장정의 규정을 구실로 압력을 가하여 방곡령을 철회하도록 하였다. 또한 일본 상인들은 방곡령으로 손해를 입었다면서 거액의 배상금을 요구하여 받아냈다.

나) 상권수호운동 전개

서울 상인들은 청과 일본 상인들의 상권 침탈에 반대하여 상권수호운동을 전개하였다. 개항 초기에는 외국 상인들의 활동 범위가 개항장 10리(4km)로 제한되었으나, 1880년대에는 개항장 100리까지 확대되어 전국적으로 상권침탈 경쟁이 치열해졌다. 서울의 경우 청의 상인들은 남대문로와 수표교, 일본 상인은 충무로를 중심으로 도심의 상권을 잠식해갔다.

청과 일본 상인의 상권 잠식에 반발하여 수천 명의 서울 상인들은 철시하고 외국 상점들의 서울 퇴거를 요구하였다. 그 후 서울 상인들은 황국중앙총상회를 조직하여 외국인의 불법적 내륙 상업활동을 엄단할 것을 요구하며 상권수호운동을 전개하였다.

다) 식산흥업 노력

대한제국은 외세의 경제 침탈을 막고 근대적 국민경제 수립을 위한 노력을 활발히 하였다. 정부는 전환국을 설치하여 화폐제도 개혁과 중앙은행 설립을 추진하는 자본을 모아 근대적 기업 설립에 나섰고, 산업기술인력 양성을 위한 교육기관 설립에도 적극적이었다.

제조업자와 상인들도 경제발전에 적극 노력하였는데, 공장을 늘리고 새로운 기계를 들여오고 자본을 모아 합자회사를 설립하였다.

독립협회와 황국중앙총상회 등은 국내산업진흥과 상권보호를 위한 다양한 방안을 제시하고, 외국의 이권 탈취 및 경제 침략 저지를 위한 활동을 벌이기도 하였다.

개항 이후 금융업에도 새로운 변화가 나타났다. 일본 금융 기관과 상인의 침투에 대응하여 새로운 은행이 세워졌다. 광무개혁을 전후하여 조선인 관료들이 중심이 되어 조선은행을 설립하였고, 민간에서도 자본을 합자하여 한성은행과 천일은행 등을 세웠다. 그러나 토착회사의 대부분은 자금 부족, 기술 및 운영 방식의 미숙에 시달렸다. 더구나 일본의 정치적 방해와 외국 상인들의 상권 잠식으로 경영이 부진하여 오래 존속되지 못하고 몰락하거나 일본인들의 손에 넘어갔다.

이러한 노력이 성과를 거두기 위해서는 독립국의 지위를 유지하면서 자본의 축적과 근대적 금융제도를 확립해야만 했다. 그러나 이러한 조건이 갖추어지기 전에 일제의 침략으로 식산흥업의 노력은 좌절되었다.

라) 국채보상운동

일제는 1905년 통감부를 설치하면서 식민지 시설을 갖추기 위해 필요한 막대한 자금을 대한제국 정부로 하여금 일본으로부터 들여오게 하였다. 그 결과 1907년 대한제국의 대일 차관은 1년 예산과 비슷한 1,300만 원에 이르렀고, 이 금액은 사실상 정부가 갚는 것이 불가능하였다. 이런 상황하에서 1907년 1월 김광제 · 서상돈 등은 2,000만 동포가 3개월 동안 금연하여 모금한 돈으로 국채를 상환하자는 주장을 하였다. 대구에서 시작된 국채보상운동은 전국적으로 확대되어 국내뿐만 아니라 일본 유학생과 미주와 노령 지역의 교포도 의연금을 보내왔고, 일부 외국인들도 참여하였다. 국채보상기성회를 중심으로 각종 계몽단체와 '대한매일신보', '황성신문', '제국신문', '만세보' 등의 언론기관이 모금운동에 참여하였다. 국채보상운동은 모금 3개월 만에 20만 원을 모았다. 이후에도 모금운동의 열기는 지속되어 많은 금액이 모아졌다.

그러자 일제는 국채보상운동을 배일운동으로 간주하여 매국 단체인 일진회를 이용하여 방해하고, 양기탁에게 국채보상금을 횡령했다는 혐의를 씌워 구속하기도 하였다. 이로 인하여 국채보상운동은 위축되었다. 1909년 국채보상금처리회가 조직되어 모금액을 교육사업에 투

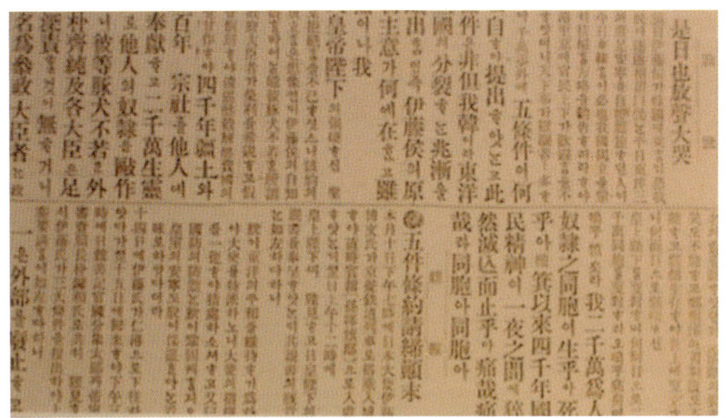

황성신문 시일야방성대곡

자하기로 하고 전답을 구매했다. 하지만 이 계획은 국권피탈로 수포로 돌아갔고, 모금액 전부를 경무총감부에 빼앗기고 말았다. 정부의 재정권을 일제가 완전히 장악하고 있는 한 국가의 빚을 갚는다는 것은 사실상 불가능한 일이었다.

4 일제의 식민통치

1) 국권 침탈

1904년 러시아와 전쟁을 시작한 일본은 조선 침략의 발판을 굳히기 위해 조선을 군사적으로 점령하였으며 일본이 추천하는 고문을 정부의 각 부에 두어 내정을 간섭하는 고문정치를 실시하였다.

러일전쟁에서 승리한 일본은 포츠머스조약에 의해 러시아로부터 조선에 대한 보호국화 조치를 인정받았으며, 가쓰라-태프트 밀약을 통해 미국으로부터 일본의 조선보호국화를 승인받았고, 영국으로부터도 러시아의 남하정책을 막아 준 대가로 조선보호국화를 승인받았다.

이후 일본은 1905년 을사늑약 체결을 강행하여 대한제국의 외교권을 박탈하고 통감부를 설치했다(을사오적-외부대신 박제순, 내부대신 이지용, 군부대신 이근택, 학부대신 이완용, 농상대신 권중현).

을사늑약 체결장소 덕수궁 중명전

고종은 조약체결을 거부하고 네덜란드 헤이그에서 개최된 만국평화회의에 특사 이상설李相卨, 이준李儁, 이위종李瑋鍾을 파견하였지만, 실패로 끝나고 오히려 이를 빌미로 일제는 고종을 강제 퇴위시켰다.

순종 즉위 이후에는 1907년 정미7조약을 강제로 체결하여 일본인 차관이 실제 행정을 장악하는 차관정치가 실시되었으며, 이후 군대가 강제로 해산되면서 대한제국의 방위력은 상실되었다.

결국 1910년 대한제국의 내각총리대신 이완용과 제3대 통감인 데라우치에 의해 합병조약이 발표됨으로써 대한제국의 국권은 상실되었다.

2) 일제의 무단통치와 독립운동

국권피탈 이후 일제는 조선총독부를 설치하여 입법, 사법, 행정 및 군권을 장악하였다. 그리고 일제는 치안확보를 구실로 헌병경찰제를 두고 무단식민 통치정책(1910~1919년)을 실행하였다.

이후 일제는 조선에서의 자본주의 발전을 억누르고 대신 조선을 일본상품의 판매시장, 식량 및 원료공급지로 재편하려고 토지조사사업과 회사령 등 식민지 경제정책을 실시하였다.

조선총독부는 근대적 토지소유권을 확립한다는 명분을 내세워 토지조사를 실시하였는데 신고주의에 익숙하지 못한 농민들이 토지를 빼앗기는 사례가 많아 결국 1930년대까지 총독부가 소유한 토지는 전국토의 40%에 이르렀다. 총독부는 이 토지를 동양척식주식회사를 비롯한 식민회사나 일본인에게 헐값으로 팔아넘겼다.

또한 총독부는 회사령을 통해 조선인의 회사설립과 경영을 억제하여 조선인 자본의 성장을 저지하였다.

일제는 1910년 10월 서간도에 무관학교를 세우려고 국내에서 독립자금을 모으던 안명근의 체포를 구실로 황해도 지방에서 160 여명을 체포하는가 하면(안악사건), 1911년에는 총독 데라우치를 암살하려는 모의를 했다고 사건을 조작하여 신민회 회원을 체포하는 105인

서대문형무소

서대문형무소 역사관

사건을 일으켰다.

국내에서의 독립운동은 그치지 않아 항일의병운동이나 계몽운동을 벌였던 일부 인사들이 중심이 되어 항일운동을 이어갔다. 최익현의 의병부대에서 참여했던 임병찬은 각지 유생들을 모아 대한독립의군부를 조직하여 대한제국을 다시 세우기 위한 의병전쟁을 계획했으나 임병찬의 체포로 무위로 끝나고 말았다.

박상진 등은 풍기 등지를 중심으로 대한광복단을 조직하여 공화주의를 내세우며 만주에 무관학교를 설립하려고 군자금을 모으며 만주의 독립운동단체와 연락을 꾀하였다. 그러나 결국 밀고자에 의해 조직이 발각되어 활동이 중단되었다.

국내에서 활동이 제약을 받게 되자 만주와 연해주 등지로 망명한 인사들이 국외독립운동 기지건설을 추진하였다. 서간도로 건너간 신민회 회원들은 유화현 삼원보에 자치기관인 경학사와 부민단을 세우고 신흥강습소(신흥무관학교)를 설립하여 독립군 간부를 양성했다.

북간도의 용정촌과 명동촌에서도 간민회, 중광단 등의 항일단체가 만들어졌고 서전서숙, 명동학교 등에서 민족교육이 실시되었다.

연해주에 있는 블라디보스토크의 신한촌에서도 의병운동 계열과 계몽운동 계열이 힘을 모아 1911년 권업회를 조직하였으며 이상설, 이동휘를 정, 부통령으로 하는 대한광복군정부라는 독립군조직을 만들어 독립전쟁을 준비했다.

▌보수세력에 의한 독립운동

1895년 을미사변과 단발령이 일어나자 당대 위정척사의 대표적인 유학자였던 유인석(柳麟錫, 1942~1915)은 제천, 충주 및 중부지방을 근거지로 한 의병활동을 전개하였다. 이후 그는 만주로 망명하여 의병 투쟁과 해외독립운동 기지 개척에 선구적인 역할을 수행하였다.

19010년 일제에 의해 국권이 상실되자 안동 유림의 명문가 출신이었던 이상룡(李相龍, 1858~1932)은 양기탁, 이시영 등 신민회 운동가의 권유에 따라 만주에 독립군 기지를 건설하기로 결심하고 서간도로 이주하였다. 그는 노비문서를 불태워 자신의 노비들을 해방시킨 뒤 가산을 모두 정리하여 식솔을 이끌고 만주로 이주하였으며, 경학사라는 결사를 조직하여 서간도에 정착촌을 건설하고 신흥무관학교를 설립하였다.

이상룡과 함께 기득권을 버리고 온 가족이 독립운동에 나선 대표적인 명문 양반가 출신으로 이회영(李會榮, 1867~1932), 이시영(李始榮, 1868~1953) 등이 있다. 1910년 경술국치를 전후하여 이회영 6형제는 국내에 있던 재산을 처분한 후 60명에 달하는 대가족을 이끌고 만주로 망명했다. 이회영 일가는 서간도에 정착하여 경학사, 신흥강습소를 설치하고 독립운동을 위한 기반 닦기에 들어갔다.

3) 3 · 1운동과 임시정부의 수립

국내외에서 독립운동이 꾸준히 전개되고 있을 무렵 미국의 윌슨 대통령이 민족자결주의를 제창하여(1918년) 나라 안팎에 독립의 희망을 크게 심어주었다. 또한 1919년 2월에는 도쿄에서 일본유학생들이 중심이 되어 대한독립선언서와 결의문을 선포하여 국내의 민족지도자들은 이를 계기로 민족운동계획을 진전시켰다.

이후 고종의 인산일을 거사일로 결정하고 만세시위를 계획하면서 종교계 대표들을 중심으로 1919년 3 · 1운동을 일으켰다.

서울 탑골공원에 모였던 각급 학교 학생과 애국시민들이 만세시위를 전개하였으며 지방의 주요 도시에서도 만세 시위가 잇달아 일어났다. 이는 3월부터 5월까지 전국방방곡곡으로 확산, 파급되어 갔다.

그러나 일제의 무자비한 탄압이 거듭되면서 우리 민족은 무차별 총격에 의해 살상되었고 극심한 수난을 당하였다.

3 · 1운동은 중국의 5 · 4운동과 간디의 무저항주의 운동에 영향을 주었으며 민족독립운동이 체계적인 독립운동으로 발전하는 계기가 되었다.

3 · 1 독립선언기념탑

상해 대한민국 임시정부

또한 독립운동의 최고기관인 임시정부를 수립해야 한다는 인식이 확산되면서 국내에서는 한성정부가 수립되었으며 중국 상하이에서는 민주공화제의 대한민국임시정부가 수립되었고 연해주에서는 대한국민의회가 조직되었다. 이들은 통합운동을 통해 한성정부를 계승하고 대한국민의회를 흡수하여 상하이에 통합정부인 대한민국임시정부를 수립하였다.

대한민국 임시정부는 민주공화제 정부를 지향하고 국내외 독립운동을 보다 조직적이고 효과적으로 추진하는 중추 역할을 하였지만, 초기 임시정부의 위치를 놓고 외교론자와 무장투쟁론자가 대립하는 등의 갈등이 있었고 결국 임시정부를 상하이에 둠으로써 외교활동 중심의 독립운동이라는 한계를 갖고 있었다.

4) 일제의 문화통치와 독립운동

3·1운동 이후 일제는 식민정책에 대한 새로운 방향을 모색하여 소위 문화통치를 실시하였다. 헌병경찰제를 보통경찰제로 전환시키고 민족신문을 발행하여 조선인의 언론, 출판, 집회, 결사의 자유 일부를 허용하였다.

하지만 문화통치는 표면적으로 한민족에 대한 무단적 억압을 완화시키고자 한 지배체제였으나 실제로는 가혹한 식민통치를 은폐하기 위한 기만정책에 불과하였다.

일제는 치안유지법을 제정하여 공산당, 독립운동, 민족운동을 억압하였으며 산미증식계획으로 한국에 대한 경제적 수탈을 보다 강화하였다.

1920년에 들어와 만주와 연해주에서 활동하던 독립군은 국내 진공작전을 전개하였는데, 그 중에 큰 전과를 올린 것이 홍범도의 대한독립군에 의한 봉오동전투(1920년 6월)와 김좌진의 북로군정서와 홍범도 부대가 연합한 청산리전투(1920년 10월)였다.

이후 경신참변과 자유시참변을 겪었던 독립군은 조직을 재정비하면서 통합운동을 추진하여 참의부, 정의부, 신민부의 3부로 통합되었다.

한편 김원봉 등 일단의 무정부주의자들은 만주에서 의열단을 결성하고 외교노선이나 독립군 활동보다는 의열단원의 희생적인 투쟁에 주력하여 일제 고위관료, 친일파의 암살 및 일제의 식민통치기관에 대한 파괴활동에 주력하였다.

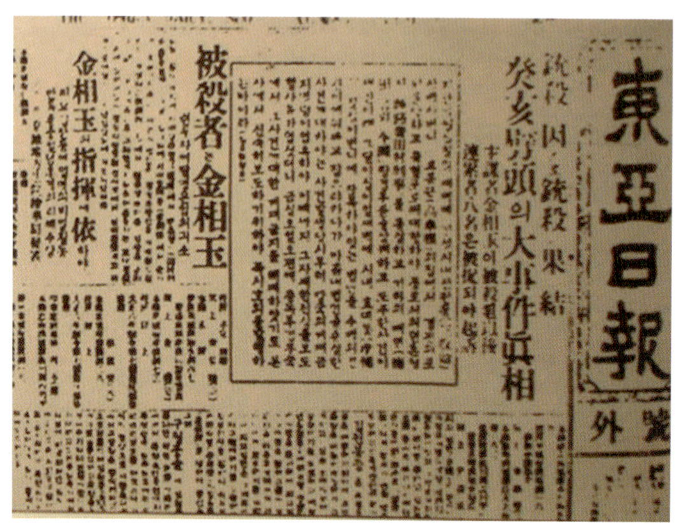

東亞日報

號外

銃殺因은銃殺果結

癸亥劈頭의大事件眞相

被殺者는金相玉

金相玉의指揮에依하야

종로경찰서 투탄의거 신문기사

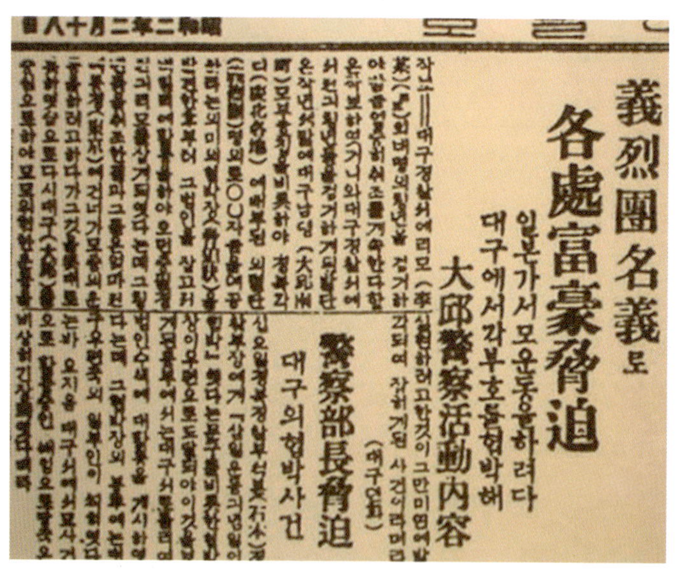

昭和二年十月十八日

義烈團名義로

各處富豪脅迫

일본가서모운동을하려다

대구에서각부호를협박해

大邱警察活動內容

警察部長脅迫

대구의협박사건

의열단 활동 신문기사

1925년 조선공산당의 창립을 계기로 민족주의운동과 사회주의운동의 반일민족통일전선을 결성하려는 논의가 활기를 띠었다. 조선공산당은 천도교 구파의 권동진 등과 만나 공동투쟁을 합의하여 1926년 6·10만세운동을 주도했다. 순종 인산일 당일 일제의 삼엄한 경비 속에 행사에 참여한 학생들은 격문을 살포하고 독립만세를 외침으로써 대규모 군중 시위운동을 전개하였다. 결국 실패로 돌아갔지만, 민족주의자와 사회주의 세력이 연대한 6·10만세운동은 당시 침체된 민족운동에 활력을 불어넣었다는 점에 의의가 있었다.

이후 1927년 신간회가 조직되어 좌우합작에 의한 반일민족통일전선운동이 일어나 1920년대 후반 국내 민족해방운동을 주도하였다. 신간회의 주장에는 조선 민중을 착취하는 기관의 철폐, 이민 정책의 반대, 한국인 본위의 교육제도 실시, 조선어 교육의 실시, 사상연구의 자유 등이 포괄되어 있었다.

6·10만세운동과 신간회 결성을 계기로 학생운동은 더욱 조직적으로 발전했으며 학교마다 사회주의 독서회, 비밀결사 등이 조직되어 동맹휴교를 이끌었다. 특히 1929년 광주학생운동에도 각 학교에 조직된 독서회가 중요한 역할을 하였다. 조선학생과 일본학생 사이에 충돌이 일어나자 학생운동을 민족해방운동으로 발전시켰으며 이 운동은 곧바로 전국으로 번져 전국적 학생운동으로 발전하였다.

5) 일제의 전시 민족말살 통치와 독립운동

일본은 대동아공영이라는 구실로 1931년 만주를, 1937년 중국을 침략한 데 이어 1941년 태평양전쟁으로 침략전쟁을 확대하였다. 이에 따라 식민지조선을 대륙병참기지로 만들어 군수산업을 강화하고 농산물과 지하자원을 약탈하는 정책을 취하였다.

일제에 의한 사상통제도 강화되었고 대륙 침략을 본격화한 일제는 1938년 국가총동원령을 내리고 인적자원의 수탈을 강화하였다. 일제는 청년, 장년과 부녀자까지 강제 동원하여 전쟁에 투입하거나 노역에 종사하게 하였으며 조선의 젊은 처자들 가운데 많은 수는 군위안부라는 이름으로 강제로 끌려갔다.

또한 일제는 내선일체內鮮一體를 강조하는 황국신민화 정책을 실시하여 신사참배를 강요하고 조선어교육 폐지와 창씨개명을 강요하여 침략전쟁의 도구로 이용하려 하였다

1931년 만주사변 이후 만주지역의 독립군은 큰 타격을 입었다. 1932년 북간도에서는 중국공산당에 의해 조선인과 중국인들이 연합한 항일유격대가 조직되었다. 유격대원의 대부분이 조선인이었던 이들은 1933년 동북인민혁명군으로 통일하였다.

이후 일제의 토벌과 민생단 공작으로 항일운동 역량에 큰 타격을 입은 동북인민혁명군은 1935년 항일민족통일전선의 강화를 목적으로 동북항일연군으로 확대, 개편하였다.

한편, 1932년 윤봉길 의거 이후 김원봉의 의열단이 중심이 되어 조소앙의 한국독립당, 지청천의 조선혁명당, 김규식의 한국광복동지회, 한국혁명당이 연합하여 통일동맹을 결성하고 1935년 민족혁명당을 결성하였다. 중국 관내의 유일 독립당을 지향한 민족혁명당은 임시정부를 해체할 계획이었으나 임시정부 고수파가 강력히 반발하고 당 운영의 주도권 문제로 한국독립당과 조선혁명당이 이탈하면서 통일전선당으로의 성격이 약화되었다.

1937년 민족혁명당은 조선민족전선연맹을 결성하여 민족좌익전선을 통일했다. 일제 타도와 조선민족의 자주독립을 선언한 조선민족전선연맹은 자신의 군사조직으로 조선의용대를 만들었다. 중국국민당 정부의 원조를 받아 조직된 조선의용대는 중국국민당 정부의 각 전선에 분산되어 활동에 종사하였다. 이 무렵 중국군의 소극적 활동에 불만을 품은 조선의용대는 화북지방으로 북상하여 중국공산당의 영향하에 옌안延安계의 한인과 결합하여 1941년 화북조선청년연합회를 조직해 항일전을 전개하였다. 1942년 7월 화북조선청년연합회가 화북조선독립동맹으로 개편될 때 조선의용대를 조선의용군으로 개편했으며 중국공산당의 팔로군과 협동작전을 펼치며 항일전에 참가하였다.

1937년 김구의 한국국민당은 민족혁명당에서 이탈한 조소앙의 한국독립당, 지청천의 조선혁명당과 연합하여 한국광복운동단체연합회를 조직했다. 대한민국 임시정부가 충칭重慶에 자리 잡은 뒤인 1940년 이들 3당이 합당하여 한국독립당을 창당했으며 보통선거에 의한 정치

김구와 윤봉길

균등, 토지와 대기업 국유화를 통한 경제균등, 국민의무교육제에 의한 교육균등 등 삼균주의를 이념으로 내세웠다.

임시정부는 1940년에는 이청천을 사령관으로 하는 한국광복군을 창설하였으며 1941년 일본에 정식으로 선전포고를 하였다.

일제의 패망이 가까워지면서 관내 항일전선의 통일이 요구되어 조선민족전선연맹 측의 김원봉, 김규식 등이 임정에 참여함으로써 임정은 중국 관내 민족전선의 통일전선정부로서 자리 잡게 되었다.

▌일본군 위안부

일본군 위안부란 1931년 일본의 만주침략 이래 일본 육군・해군이 창설, 관리한 군위안소에 구속된 채 군인, 군속 상대의 성노예가 될 것을 강요당했던 여성을 일컫는다.

일본군은 점령지 중국을 비롯해 인도네시아, 싱가포르, 파푸아뉴기니 등 광범위한 국가 지역에 위안소를 설치하고, 조선인, 대만인, 중국인, 인도네시아인, 동티모르인, 필리핀인 등 일본의 식민지 및 점령지 여성과 네덜란드 여성, 그리고 일본 여성들을 위안부로 동원했다. 위안부로 동원된 여성의 총 규모는 최저로 잡아서 5만 명 전후이며 일정 기간 감금되고 강간당한 이들을 포함하면 8만에서 20만 명 가까이 될 것으로 추정하고 있다.

반세기 이상 어둠에 갇혀 있었던 위안부 문제는 1990년 한국의 여성단체들이 일본정부에 대해 진상 규명과 사죄를 요구하는 성명서를 발표하면서 본격적으로 제기되었다.

이후 일본정부는 1993년 소위 고노담화를 통해 일본군과 관헌의 관여와 징집, 사역에서의 강제를 인정하고 문제의 본질이 중대한 인권 침해였음을 인정하고 사죄하였다. 이러한 사죄 표명 이후에도 일본 정부는 위안부 문제에 대한 법적 책임은 없다는 입장을 일관되게 견지하였다.

2007년 미국을 비롯한 세계 각국 의회의 위안부 결의안 채택에 대해서도 일본정부는 별다른 반응을 보이고 있지 않고 있다. 또한 중・고등학교 일본 교과서의 위안부 관련 기술은 1997년 이른바 새역모 출범 이후 우익과 자민당의 비판이 강화됨에 따라 위안부 모집 과정에서 일본군의 관여를 인정하는 표현이 사라지는 상황에 이르렀다.

일본군 위안부 소녀상

6) 일제 식민지 시기의 경제 수탈

가) 토지의 약탈

일제의 식민지 경제 정책은 식량, 공업 원료의 약탈 및 상품 판매 시장, 자본 투하 시장으로서 식민지를 재편성하는 데 있었다. 이를 위한 기초 작업이 토지조사 사업이었다.

일제는 1912년 토지조사령을 발표하고 막대한 자금과 인원을 동원하여 전국적인 토지조사 사업을 실시했다. 그러면서 근대적 소유권이 인정되는 토지제도를 확립한다고 선전했다. 토지조사 사업에서는 우리 농민이 토지 소유에 필요한 서류를 갖추어 지정된 기간 안에 신고해야 하는 기한부 신고제를 실시하였다. 그러나 이러한 사실이 농민에게 널리 알려지지 않았고, 신고 기간이 짧은 데 비해 절차가 복잡하여 신고의 기회를 놓친 사람이 많았다. 일제가 까다로운 신고 절차를 택한 것은 한국인의 토지를 빼앗기 위한 것이었다. 또 농민들 중에는 일제의 시책에 협조하지 않겠다는 민족 감정 때문에 신고를 고의적으로 기피하여 신고하지 않은 토지도 많았다.

일제는 미신고 토지는 물론 공공기관에 속해 있던 토지, 마을이나 문중 소유의 토지와 산림, 초원, 황무지 등의 상당부분을 조선총독부의 소유로 삼았다. 그 결과 토지조사 사업에 의해 불법적으로 탈취당한 토지는 전 국토의 약 40%나 되었다. 조선총독부는 탈취한 토지를 동양척식주식회사를 비롯한 일본인의 토지 회사나 개인에게 헐값으로 불하하였다.

토지조사 사업으로 농민은 토지를 빼앗기고 기한부 계약에 의한 소작농으로 전락하였다. 이 사업이 끝난 1918년에는 3%의 지주가 경작지의 50% 이상을 소유하는 상황이 발생했다. 특히 이전의 소작권은 인정되지 않고, 지주권만 인정되어 지주제가 강화되었다. 따라서 소작농은 50~70%에 이르는 고율의 소작료를 내야 하는 상황에 처했다. 생활기반을 잃은 농민들은 일본인의 고리대에 시달리게 되었고, 생계유지를 위해 화전민이 되거나 만주나 연해주, 일본 등지로 이주를 택하는 농민들도 상당수에 달했다.

나) 산업의 약탈

통감부 시기 화폐정리 사업으로 민족자본의 축적을 와해시킨 일제는 1910년 허가제를 골자로 하는 회사령을 공포하여 한국인의 회사

설립과 경영을 통제하였다. 철도, 항만, 통신, 항공, 도로 역시 조선총독부와 일본의 대기업이 독점하였고, 인삼과 소금, 담배 등은 조선총독부가 전매하였다. 그 결과 민족자본의 성장은 억제되고 일본인이 한국의 공업을 주도하게 되었다.

1911년 임야조사사업이 실시되어 막대한 국·공유림과 소유주가 명확치 않았던 임야가 일본인에게 넘어가 전체 임야의 50% 이상이 조선총독부와 일본인에게 점탈되었다. 또 어업령도 공포하여 일본 어민의 성장을 지원하고 우리 어민의 활동을 억압하였다. 이에 대하여 우리 어민들은 빼앗긴 어업권 회복과 수호를 위해 전국 어장에서 치열한 항쟁을 전개하였다. 1915년에는 광업령을 제정·공포하여 일본인 재벌에게 많은 광산을 넘겼다. 특히 제1차 세계대전으로 군수광산물 수요가 증가되자 그 수요를 충당하기 위해 본격적인 광산물 약탈이 자행되었으며 생산물 대부분은 일본으로 반출되었다.

다) 식량의 수탈

일제는 토지조사 사업을 기반으로 본격적으로 미곡 증산을 꾀하기 위해 산미증식계획을 실시하였다. 이것은 일본의 쌀 값 폭등과 식량 부족 문제를 해결하기 위해 조선에 대한 쌀 수탈을 더욱 강화한 것이었다. 일제는 산미증식계획을 추진하면서 수리조합사업, 토지개량사업 등의 비용을 농민에게 전가시키고 쌀 생산을 강요하여 논농사 중심의 농업구조로 바꾸었다. 이 과정에서 농민의 소작료는 점차 올라가고, 조합비와 비료 대금 등을 부담하게 되면서 생활이 갈수록 악화되었다.

1920년부터 15년 계획으로 추진된 산미증식계획은 920만 석 증산이라는 무리한 목표를 설정하였기 때문에 증산량을 달성할 수 없었다.

그러자 일제는 토지개량사업을 통한 증산을 꾀했지만, 이것도 실패를 하였다. 하지만 미곡 수탈만은 목표대로 수행함으로써 우리 농촌 경제를 파탄에 빠트렸다.

산미증식계획의 결과 우리의 농업 구조는 미곡 증산을 위한 미곡단작형으로 고착화되었다. 미곡 증산은 다소 증가하였으나 오히려 일본으로의 미곡 유출이 급증하였다. 그래서 우리 농민의 식량 사정은 극도로 악화되었다. 일제는 부족한 식량은 만주에서 생산되는 값 싼 잡곡으로 충당하려 했지만, 근본적인 해결책이 되지는 못하였다. 때문에 기아선상에서 허덕이던 농민들은 농촌을 떠나 만주나 일본 등지로 삶의 터전을 옮기거나 화전민으로 전락할 수밖에 없었다.

라) 농촌진흥정책과 통제

1930년대 세계 대공황으로 한국 농촌 경제가 파탄하고 농민이 극도로 피폐해짐에 따라 실시된 경제 정책이 농촌진흥운동이다. 당시 총 농가의 절반가량이 춘궁기에 식량이 떨어져 굶주림에 시달렸다. 총독부는 농촌 사회의 궁핍으로 사회불안이 심해지고 공산주의 계열의 농민운동이 전파될 것을 우려하였다. 그래서 농가 경제를 되살리기 위해 농촌진흥운동을 시작하였다.

이 운동은 이러한 위기에 대처하기 위한 일종의 자력갱생운동으로 춘궁 퇴치, 부채 정리 등을 목표로 하였다. 농가 30만 호를 대상으로 농촌진흥위원회의 지도하에 각 호의 갱생 계획을 수립하여 실행토록 하였다. 이를 위해 소비를 절약하고 노동력을 최대화해 노동을 강화하고, 영농을 다각화하고 부업을 장려하여 농업 생산력을 증대시키도록 하였다.

또한 일제는 지주제를 농촌 빈곤의 주요 원인으로 보고 규제하기 시작하였다. 조선총독부는 사법기관의 중재로 소작쟁의를 조정하고 고율의 소작료는 제한하는 내용의 조선소작조정령과 조선농지령을 제정하였다. 그러나 이 운동의 전개에도 불구하고 오히려 농가 부채가 증가되고 농가 경제의 궁핍화는 더욱 심해졌다.

농촌진흥운동은 소작쟁의가 격화되고 농민운동이 좌경화됨에 따라 체제 안정화정책으로 전개되었으나 전시체제하에서는 농민을 통제하고 전쟁에 동원하기 위해 조선 농촌을 재편성하는 전쟁 동원책의 일환으로 변질되었다.

마) 병참기지화 정책

일제의 경제침탈은 1930년대에 들어서 새로운 양상으로 전개되었다. 산미증식계획이 어려움에 부딪치자 공업원료 증산정책으로 방향을 전환하여 면화의 재배와 면양의 사육을 시도하는 정책을 수립하고, 이를 우리 농촌에 강요하였다. 즉 조선총독부는 이른바 남면북양南綿北羊 정책을 실시하여 강제로 남부 지방의 농민에게는 면화를 재배하고, 북부 지방의 농민에게는 양을 기르도록 하였다. 이는 대공황 뒤 선진 자본주의 국가들의 보호무역주의로 원료 공급이 부족할 것에 대비하여 일본인 방직 자본가를 보호하려는 조치였다.

침략전쟁을 위해서는 발전소를 건립하고 군수공장을 세웠으며, 광산을 개발하고 중화학 공업을 육성하였다. 이는 일제가 전쟁을 수행하며 우리의 경제를 보다 철저히 예속시키기 위한 것이었다.

중일전쟁을 일으켜 대륙침략을 본격화 한 일제는 국가총동원령을 내리고 한국에서 인적·물적 자원의 수탈을 강화하였다. 군량확보를 위해 중단되었던 산미증식계획을 재개하였다. 소비규제를 목적으로 식량배급제도가 실시되었고, 미곡 공출제도를 시행하였다. 군수품 조달을 위해서는 각종 가축증식계획을 수립하여 가축의 수탈도 강화하였다.

일제는 태평양전쟁을 도발하면서 전쟁물자 수탈에 광분하였다. 농기구, 식기, 교회나 사원의 종까지 징발하는 등 금속류를 강제로 공출하여 무기제작에 사용하였다. 1943년 학생징병제, 1944년 징병제와 여자정신대 등을 통해 인적 자원을 수탈하여 전쟁에 투입하거나 노역에 종사하게 하였다.

5 민족문화수호운동

1) 일제의 식민지 교육과 문화정책

일제의 식민지 교육정책의 기본방향은 조선인에 대한 우민화 교육과 동화정책을 통한 조선인의 황국신민화였다. 이러한 목표에 따라 우리말 대신 일본어를 배우도록 강요했고, 교과서는 침략정책에 맞도록 편찬하였다. 사립학교나 서당 등 민족주의 교육기관을 억압하였고, 초급 실업기술교육을 통해 식민지 통치에 필요한 하급 기술 인력을 양성하는 교육정책이었다.

1930년대 후반 이후에는 황국신민화 교육을 더욱 강화하였고, 민족말살정책에 따라서 내선일체를 강조하고 조선어 사용과 역사 교육을 일체 금지하였고, 이에 항거하는 학교는 폐쇄시켰다.

일제는 우리 민족의 고유 문화를 탄압하여 일본에 동화시키고자 하였다. 1938년에는 일본인 어용학자를 동원하여 우리의 민족문화를 말살하고 한국사의 주체성을 부정하고 식민지배를 정당화하기 위하여 한국사 왜곡작업에 착수하여 조선사편수회에서 총 35권의 『조선사』를 편찬하였다. 이를 통해 우리 민족 역사 전개의 기본 성격이 정체성, 타율성, 당파성에 있음을 강조하는 식민사관을 체계화하였다.

또한 각계각층의 친일세력을 만들어서 일제 식민지 문화정책의 선전도구로 활용하였다. 그 결과 일제 말기에는 많은 친일 문화단체가 만들어져 친일 활동에 나서게 되었다. 이 활동에는 문인, 교육, 예술, 종교계의 인물들이 가담하기도 하였다.

2) 국학운동의 전개

가) 조선어연구회 활동

일제의 민족말살정책에 대항하여 민족문화수호운동이 꾸준히 전개되었다. 이 운동의 핵심은 국어와 국사 연구를 통해 우리말과 역사를 보존하고 민족의식을 배양하려는 국학운동이었다.

3·1운동 이후 이윤재와 최현배 등은 국어연구소의 전통을 이은 조선어연구회를 조직하여 국어 연구와 강습회, 강연회 등을 통해 한글 보급에 노력하였으며, 잡지 『한글』을 간행하여 연구성과를 정리, 발표하였다. 또한 한글 기념일인 '가갸날'을 정하고 우리말 글쓰기를 권장함으로써 한글의 보급과 대중화에 기여하였다.

1930년대 조선어연구회가 개편되어 성립된 조선어학회는 한글 교육에 힘써 한글교재를 출판하고, 회원들이 전국을 순회하면서 한글 보급하는 데 앞장섰다. 조선어학회가 이룩한 가장 큰 성과는 한글 맞춤법 통일안과 표준어의 제정이었다. 또한 『우리말 큰사전』의 편찬을 시도했지만 일제의 방해로 성공하지 못했다. 1942년에 독립운동단체로 간주되어 회원들이 체포·구금되었고, 이후 강제로 해산당하였다.

한글보급운동은 일제의 우리 말, 우리 글 말살정책에 대한 항일운동인 동시에 민족문화수호라는 측면에서 중요한 의의를 가진다.

나) 한국사 연구

식민주의 사학이 정체성론과 타율성론 및 당파성론, 일선동조론 등을 통해 한국 진출과 침략을 정당화하려고 하였을 때, 근대민족주의 사학은 근대 학문의 이름을 빌려 교묘하게 자신들의 만행을 은폐하려는 일제 관학자들을 비판하면서 한민족의 유구한 역사와 자주 독립의 전통을 강조했다. 근대 민족주의 사학은 한국 고대사연구에 치중했는데, 이것은 일제 관학자들에 의해 심하게 왜곡된 연구 영역이 한국고대사였기 때문이다.

민족사학은 역사발전의 주체를 민족으로 설정하고 한국사에서 한민족의 실체를 찾는 데 노력했다. 민족의 자주성 고양을 위해서 단군을 중요시했고, 발해를 한국사 영역에 포함시켰으며 식민주의 사관을 부정함으로써 항일독립운동의 정신적 지주가 되었다.

박은식은 대한민국 임시정부에서 활동하면서 『연개소문』·『이준』·『이순신』·『안중근』 등의 전기를 저술하였고, 국혼을 유지하여 국권을 회복해야 한다는 국혼 중심 사관을 주장하였다. 또한 한국통사와 한국

독립운동지혈사를 저술하여 일제의 불법적인 침략을 규탄하였다. 박은식 역사정신의 특징은 '혼' 또는 '정신' 중심의 역사로서 민족정신을 잃지 않으려는 데에 두고 있다. 역사서술 체제와 시대 구분, 가치평가 등에서 진보적이며 주체적인 점이 보이지만, 역사 주체 인식 면에서는 영웅 중심 사관을 완전히 극복한 단계는 아니었다. 따라서 박은식의 역사학은 민중을 역사의 주체로 인식하는 단계까지는 이르지 못하였다.

신채호는 대한제국시기와 일제강점기에 언론인, 교육자, 독립운동가로 활동하였다. 그는 역사를 "아我와 비아非我의 투쟁"으로 이해하고, '대한매일신보'에 역사 관계 논설을 써서 일제의 침략이 노골화하는 시기에 역사와 민족의식을 일깨웠다. 또한 『이태리건국삼걸전』을 역술하고, 『성웅이순신』, 『을지문덕』 등을 저술하여 위난에 처한 국가와 민족을 구원할 영웅의 출현을 촉구했다.

1908년에는 '대한매일신보'에 「독사신론」이라는 한국고대사 관계 사론을 썼으며, 1910년 일제 강점 이후에는 중국으로 망명하여 국권회복운동에 나서는 한편, 독립투쟁의 방편으로 국사 연구에 몰두하여 『조선상고문화사』, 『조선상고사』, 『조선사연구초』 등을 저술했다.

신채호는 단군 · 부여 · 고구려로 계승되는 고대사 인식 체계를 정립하는 한편, 낭가사상을 주체적으로 부각시켰다. 그의 사학의 특징은 역사를 민족정신이 대립물과의 투쟁과정에서 발전한 것으로 이해했고, 역사주체를 민중으로 인식하였다. 그리고 정통론이나 대의명분론과 같은 이데올로기에 종속되어 있던 중세적 역사학을 해방시켜 역사학의 객관성을 확보하였다. 이처럼 그의 역사학은 일제라는 시대적 상황과 관련해 사대주의적이며 타율적인 한국사의 인식을 철저히 거부하고 민족사의 자주적 발전과정을 해명하려 했다는 점에서 다분히 민족주의적 성격을 띠고 있다. 또 "역사란 역사만을 위해 존재한다."는 역사학의 객관성을 담보하는 역사 이론과 연구 방법론을 제시했다는 점에서 근대적인 사학의 성격이 나타나고 있다. 따라서 신채호에 이르러 한국의 근대 민족주의 역사학이 성립되었던 것이다.

정인보는 역사의 원동력이 얼, 즉 민족혼이며, 역사 연구의 목적은 민족혼을 찾는 데 있으므로 얼을 찾는 일과 무관한 사실의 실증은 무의미한 것이라는 '얼 사관'으로 식민사관에 대응했다. 그는 동아일보에 '오천 년간 조선의 얼'을 연재하였는데, 동아일보의 정간으로 중단된 이 글은 1946년 9월 『조선사연구』 상 · 하로 출판되었다. 이 글에서는 단군을 국조로 삼아 개국설화를 사실로 보았고, 한사군이 국내가 아닌 만주에 설치되었다고 하였다. 또 임나일본부설이 허구임을 고증하였고, 광개토왕 비문을 새롭게 해석함으로써 식민사관을 극복하고자 했다. 이를 통해 그는 한민족에게 지난날의 영광된 역사를 상기시키려 했다.

① 사회경제사학

1920년대 후반 사회경제사학은 타율성과 정체성을 강조하는 식민사학의 기만성을 폭로하고 한국사가 세계사의 보편적 발전법칙에 의하여 발전하여 왔음을 강조하였다. 대표적인 학자는 백남운, 이청원, 이북만 등이다.

백남운은 『조선사회경제사』, 『조선봉건사회경제사』 등을 저술하여 식민사학의 중세부재론을 부정하고 유물사관에 의한 역사의 체계화를 시도했다. 그는 원시씨족공산체, 삼국의 노예경제, 삼국시대말기부터 최근세까지의 아시아적 봉건사회, 아시아적 봉건국가의 붕괴와 자본주의 맹아, 외래 자본주의 발전 등으로 파악했다. 그는 고려를 중세봉건제 사회로 규정하여, 우리 역사에 중세봉건사회가 존재했음을 강하게 주장했다. 이를 통해 우리 역사를 전체 인류사의 발전 과정과 같은 궤도 위에 있는 세계사의 일환으로 편입시키려 했다.

사회경제사학은 처음으로 사회발전단계론에 따라 우리 역사를 시대구분한 학문적 공로를 가진다. 그러나 분단체제가 고정화되면서 사회경제사학은 직접적 계승이 이루어지지 못했다.

② 실증주의사학

1930년대 실증주의 사학은 역사 사실에 대한 문헌고증을 주된 학문적 방법으로 채용하여 사료에 대한 연구자의 주관적 해석을 배제하고 학문의 객관성을 제고하는 등 학문 자체를 목적으로 한 역사학을 추구하였다.

일본 어용학자들이 청구학회를 중심으로 한국사 연구를 왜곡하자, 이윤재와 이병도, 손진태, 신석호 등은 실증사학을 표방하면서 1934년 진단학회를 조직하고 『진단학보』를 발간하여 한국사 연구에 힘썼다.

가치중립적이라는 명분하에 진행된 실증주의사학 연구는 민족운동의 수단으로서의 역사연구를 거부하고, 역사의 전문화와 과학화에 의미를 부여하였다. 따라서 당시 식민지적 상황에서 나타난 민족사적 현실을 외면했다는 한계를 가지기도 했다.

3) 교육운동과 종교활동

가) 민족교육운동

일제강점기 한국인의 초등학교 취학률은 일본인의 1/6에 지나지 않았다. 3·1운동 이후 일제가 문화정치를 표방하면서 교육 시설이 확장되었지만, 그것은 일본인을 위한 교육시설의 확장에 불과한 것이었다. 또 교육은 철저한 식민지 교육으로서 한국인을 위한 민족교육은 거의 존재하지 않았다. 민족교육기관으로 사립학교, 종교 계통의 학교, 개량 서당, 강습소, 야학 등이 있었다. 규모는 작았지만 이들 기관을 통해 민족의식 배양을 위한 민족교육운동이 활발하게 일어났다.

1920년대에는 실력양성운동의 일환으로 민족교육진흥운동이 일어났다. 이규설과 이상재 등은 조선교육회를 조직하고 한민족 본위의 민족교육 진흥에 노력하였다. 이들은 고등교육기관을 설립하여 인재를 양성해야 한다는 판단하에 총독부에 대학 설립을 요구하였다.

조선총독부가 대학설립 요구를 묵살하자, 조선교육회는 민립대학 설립운동을 전개하였다. 그러나 일제의 방해와 자연재해로 모금이 어려워져 결국 실패로 끝났다. 이후 연희전문학교, 보성전문학교, 이화학당 등을 대학으로 승격시키려는 노력을 계속하였다. 일제는 이러한 노력을 받아들이지 않고, 대신 1924년 경성제국대학을 설립하여 조선인의 불만을 무마하려 하였다.

나) 종교활동

① 대종교

일제는 종교가 민족전통과 민족정신을 유지, 발전시키는 데 중요한 역할을 할 수 있다고 판단하여 종교의 일본 종속화를 시도하였다. 그러나 나철 등은 1909년 민족종교로 단군교를 내세웠다. 이듬해 대종교로 이름을 바꾸고 국내외 민족운동을 주도하였다. 대종교 지도자들은 1911년 만주에서 많은 민족학교를 설립하여 애국심을 고취하였고,

항일무장단체인 중광단을 결성하여 무장항일투쟁에도 적극 참여하였다. 중광단은 3·1운동 후 북로군정서로 계승되어 청산리대첩에서 승리를 거두는 등 대종교는 항일독립전쟁의 중추적 역할을 하였다.

② 불교

일본의 불교 정파들은 1877년부터 조선에 들어와 포교소나 사찰을 건립하고 한국 승려들을 포섭하거나 개종시켰다. 특히 1895년 4월에는 불교탄압의 상징이었던 승려들의 도성출입 금지를 해제시켰고, 이로 인해 조선의 많은 승려들은 일본 불교에 호감을 가지게 되었다. 일본이 조선을 강점한 직후 이미 친일의 길을 걷고 있던 원종圓宗의 종정宗正 이회광은 일본으로 가서 일본 조동종과 연합하기로 합의하였다. 이어 1911년 6월에는 사찰령이 제정됨으로써 사찰과 승려 문제는 모두 조선총독부에서 주관하게 되었다.

불교 교단이 일제에 장악되는 것에 대하여 한용운은 1921년 불교유신회를 만들어 친일불교에 저항하여 불교 자체의 정화를 꾀했다. 백용성은 한국 불교의 전통을 지키기 위해 대각교를 창립하고 불교 대중화 및 혁신운동을 전개했다. 박한영은 불교에 신사상을 수용하여 위기에 빠진 불교계에 미래지향적 비전을 제시하고 불교청년교육을 중시했다.

한편 박중빈이 창시한 원불교는 불교의 현대화를 주장하며 개간사업과 저축운동을 통해 민족의 기량을 배양하였고, 남녀평등과 허례허식 폐지 등 생활개선과 새 생활운동에도 앞장섰다.

③ 유교

1909년 박은식은 대동교를 창설하였다. 대동교는 유림계의 단결을 통해 민족의 각성과 단결을 강조하여 국권을 수호하고자 했던 것이다. 이에 일제는 친일 유교단체로 조직한 대동학회를 공자교로 개칭하여 대동교 확대를 막았다.

④ 천도교

손병희에 의해 동학에서 개편된 천도교는 정교분리를 내세우며 국민계몽을 통한 민족운동에 동참하였다. 그러자 일제는 이용구를 내세워 시천교를 설립하여 천도교와 대립시켰다.

천도교 지도자들은 3·1운동을 주도한 후 제2의 3·1운동을 계획하여 자주독립선언문을 발표하였다. 또 소년회와 청년회를 만들어 어린이·청년·여성운동을 전개하였고, 『개벽』, 『어린이』, 『학생』 등의 잡지를 발간하여 민중의 자각과 근대문물 보급에 기여하였다.

⑤ 천주교

천주교는 고아원과 양로원의 설립 등 사회사업을 확대시키고, 『경향』 등의 잡지를 통해 민중계몽에 이바지하였다. 일부 천주교도들은 만주에서 항일운동 단체인 의민단을 조직하여 무장항일투쟁에 나서기도 하였다.

⑥ 개신교

기독교의 경우 선교사들이 정교분리를 내세우며 종교운동에만 머물렀기 때문에 민족의식을 고양하고 반일투쟁을 전개하는 데에는 일정한 한계를 보였다. 하지만 3·1운동에 적극 참여하면서 개신교는 민중계몽과 각종 문화사업 등 민족운동을 보다 적극적으로 개선하였다. 황성기독교청년회의 계몽활동이 있었고, 안창호가 평양에 대성학교를, 이승훈이 정주에 오산학교를 설립하여 민족교육을 중시하였다. 그러자 일제는 105인 사건을 조작하여 기독교 지도자들의 활동을 제약하였다. 1930년대 후반에는 신사참배 거부운동을 벌여 지도자들 일부가 체포·투옥당하기도 했다.

4) 예술활동

가) 문학

우리의 근대문학은 일제의 식민지 지배체제 때문에 자유로운 발전이 억제되었지만, 그런 가운데에서도 계몽적이며 자주 사상을 고취시키는 문학활동이 활발하게 전개되었다.

1910년대를 대표하는 이광수와 최남선 등은 근대 문학 개척에 큰 공헌을 하였다. 최남선은 새로운 형태의 시를 발표하여 근대시 발전에 이바지하였다. 또 언문일치의 우리말 문장 확립에도 선구적 역할을 하였다. 이광수의 『무정』은 계몽기 신문학을 대표하는 작품이었다.

3·1운동 이후 계몽주의적 성격과는 다른 새로운 사조가 들어왔고, 일부 작가들은 동인지를 간행하였다. 그 중에서도 대표적인 것은 김동인이 주도한 『창조』, 염상섭이 주도한 『백조』였다. 이들은 종래의 계몽주의적 성향의 작품 활동을 지양하고 순수문학을 추구하였다. 반면 염상섭과 이상화 등은 현실 타파와 현실 개조의 의지를 표현하였다.

1920년대 중반 한용운, 신채호, 김소월, 염상섭 등은 전통적 문학 바탕 위에 근대 문학으로 발전시키는 데 심혈을 기울였고, 자주독립의 신념을 북돋아 주었다. 심훈, 이육사, 윤동주 등도 저항의식을 담은 작품을 발표하여 민족의식을 일깨웠다.

3·1운동 이후 노동자와 농민들이 활발히 조직화되는 추세에서 문학의 사회적 기능이 강조되면서 신경향파 문학이 등장하였다. 이들은 순수 예술을 표방하는 문인들의 각성을 촉구하면서 문학이 현실을 반영할 것을 강조하였다. 1925년 카프(KAPRF)가 결성되면서는 신경향

파 대신 프로문학이라는 용어를 사용하면서 문예운동에서 계급 투쟁적 성격을 강화하였다. 이에 대해 민족주의 계열에서는 국민문학운동을 일으켜 계급주의에 반대하고, 문학을 통한 민족주의 이념 선양에 노력하였다.

1930년대에는 문학의 분야가 소설, 희곡, 수필, 평론 등으로 다양해졌고, 내용도 한층 더 세련되었다. 그러나 일제가 중일전쟁을 도발하여 본격적으로 대륙침략을 시작하면서 문학작품에서 항일의 표현을 허용하지 않았고, 더 나아가 일제의 군국주의를 찬양할 것을 요구하였다. 이에 일부 문인들은 침묵으로 일관했다. 반면 김동환, 노천명, 모윤숙, 서정주, 최남선, 김동인, 유치진, 이광수, 정비석, 김기진, 박영희, 백철 등은 친일화의 길을 걷기 시작했다. 이런 가운데에서도 이육사와 윤동주 등은 항일의식과 민족정서를 담은 작품을 창작하였다.

나) 음악

일제강점기에 항일독립의식과 예술적 감정은 창작 음악 연주 활동을 통해서도 표현되었다. 1910년대에는 서양 음악에 기반을 두고 창가를 작곡하기도 했다. 그리하여 '학도가', '한양가' 등 망국민의 슬픔과 일제에 대한 저항적 성격을 담은 노래가 크게 유행하였다.

홍난파는 한민족의 심정과 상황을 잘 표출한 '봉선화'를 작곡 · 발표하였다. 하지만 그는 조선문예회라는 친일 단체에 가입하여 친일적인 작품을 양산하기도 하였다. 해외에서는 안익태가 애국가와 이를 주제로 한 '코리아환상곡'을 작곡하였다. 또 '반달', '고향의 봄' 등의 동요가 만들어졌다.

다) 미술

안중식 등이 한국의 전통 회화를 전승·발전시켰으며, 서양화에서는 고희동, 이중섭, 나혜석 등의 화가가 배출되어 독특한 경지를 이루었다.

반면 김은호, 김인승, 심형구, 김기창 등은 일제 침략 정책에 협조하고 친일단체에 참여하였다. 뿐만 아니라 '금차봉납도', '조선징병제시행기념기록화', '님의 부르심을 받고서', '총후병사' 등 친일 작품을 발표하였다.

라) 연극

연극은 민족의식 고취의 수단으로 다른 어느 분야보다 파급 효과가 컸다. 연극인들은 연극을 통해 민중을 계몽하고, 독립정신 고취에 앞장섰다. 3·1운동 이전에는 신파극단들이 나라 잃은 슬픔과 외로움을 민중들과 나누었다. 3·1운동 이후에는 민족계몽운동이 확산되면서 동경 유학생들이 극예술협회를 조직하고 연극 공연을 민중계몽의 수단으로 삼았다.

본격적인 근대 연극은 토월회, 극예술연구회 등이 조직되면서부터이다. 이들은 오락을 지양하고 민중의 각성을 요구하는 연극을 공연했다, 이후 많은 연극 단체가 창립되어 피압박 민족의 비참한 현실을 고발하고, 일제의 잔학상을 폭로하였다.

일제가 중일전쟁을 계기로 탄압을 가하자 연극무대는 오락 일변도의 가극무대로 변했고, 일제를 찬양하는 연극도 공연되었다. 일제 말기에는 일본어를 쓰지 않는 연극 공연이 허가되지 않아서 연극은 궤멸상태에 이르게 되었다.

마) 영화

영화는 다른 예술 분야에 비해 상대적으로 발전이 늦었다. 그러던 것이 1926년 나운규가 '아리랑'을 발표하면서 한국 영화는 획기적으로 도약했다. 우리 고유의 향토적 정서가 배어 있는 슬픈 가락을 깔고, 망국의 통분과 슬픔을 자아내어 항일의식과 애국심을 일깨워 주었다. 이후 1930년대까지 민족적 색채를 띠던 영화 예술은 1940년 조선영화령이 발표되면서 탄압을 받았다.

참고문헌

국사편찬위원회, 『한국사』 44-50, 2003

박찬승, 『한국근대정치사상사연구』, 역사비평사, 2006

______, 『한국근현대사를 읽는다』, 경인문화사, 2014

서영희, 『대한제국정치사연구』, 서울대출판부, 2003

신용하, 『일제식민지 정책과 식민지 근대화론 비판』, 문학과 지성사, 2006

왕현종, 『한국 근대국가의 형성과 갑오개혁』, 역사비평사, 2003

이민원, 『명성황후시해와 아관파천 — 한국을 둘러싼 러 · 일 갈등』, 국학자료원, 2002

장영숙, 『고종의 정치사상과 정치개혁론』, 선인, 2010

정연태, 『한국근대와 식민지 근대화 논쟁』, 푸른역사, 2011

정재정, 『일제침략과 한국철도(1892-1945)』, 서울대출판부, 1999

최문형, 『한국을 둘러싼 제국주의 열강의 각축』, 지식산업사, 2001

편집부, 『한국사특강』, 서울대출판부, 2008

하원호, 『개항 이후 일제의 침략』, 한국독립운동사 편찬위원회, 2009

하원호, 『한국근대경제사』, 신서원, 1997
한국역사연구회, 『1894년 농민전쟁연구』 1-5, 역사비평사, 1997
______________, 『한국역사입문③』, 근대 현대편, 풀빛, 1996
한영우, 『다시 찾는 우리역사』, 경세원, 2014
한일관계사연구논집 편찬위원회, 『일제 식민지지배의 구조와 성격』, 경인문화사, 2005

6장

현대사회

1 대한민국의 수립

1945년 8월 14일 조선총독부는 일제의 패망을 염두에 두고 건국동맹을 결성하여 해방을 준비해 온 여운형을 만나 일본인의 생명과 재산을 보호받으려 했다. 8월 15일 건국동맹을 기반으로 여운형이 결성한 건국준비위원회는 치안유지와 물자확보 등 실질적인 행정기관 역할을 했다. 건국준비위원회 지도부는 미군의 남한 진주가 다가오자 조선인민공화국을 선포했지만 좌익세력의 영향력이 확대되자 이에 민족주의 세력이 탈퇴하였다.

9월 8일 인천에 상륙한 미군이 일본군의 항복을 받은 뒤 남한 주둔 사령관 하지가 군정을 실시하였다. 그리고 미군정만을 인정하여 인공

광복

등을 부정하였다. 미국의 입장에서는 남한의 좌익세력을 제거하고 친미 우익세력을 육성하는 일이 시급하여 해방 직전의 현상 유지 정책을 펴나갔다.

소련의 경우 8월 8일 일본에 선전포고를 하고 만주로부터 일본군을 공격하여 일본군을 무장해제 시킨 후 8월 24일 평양에 들어왔다. 이로써 38선을 경계로 하여 미소의 분할점령이 시행되었다.

1945년 12월, 미국과 영국, 소련 세 나라는 모스크바에서 외상회담을 열어 한반도의 전후처리 방안으로 임시정부를 건설하고 미소공동위원회를 설치하여 임시정부와 협력하여 최고 5년 기한으로 신탁통치를 실시한다는 내용을 발표하였다.

이러한 내용이 국내에는 신탁통치문제로 불거지면서 즉시 독립을 바라던 일반대중의 감정을 분노시켰다. 우익은 일반대중의 분노를 이용하여 대대적인 반탁운동을 벌였고 좌익은 처음에 반탁 입장에 있다가 모스크바 3상회의가 임시정부 수립이라는 사실을 확인하고 지지로 돌아섰다. 이로써 좌우가 신탁통치 문제를 둘러싸고 극심하게 대립하는 상황이 되었다. 이후 미소공동위원회가 개최되어 임시정부 수립에 참여하는 정당, 사회단체의 자격 문제를 두고 미국과 소련이 논란을 거듭하였다. 이에 분단을 막기 위해 여운형과 김규식을 중심으로 좌우합작이 추진되었으나 실패로 돌아갔다.

이 무렵 1946년 6월 3일 이승만은 정읍발언을 통해 남한만의 단독정부를 세우자고 주장하였으며, 1947년 미소 갈등과 냉전체제를 기반으로 한 트루먼 독트린은 한반도에도 영향을 미쳐 미국은 남한만의 단독정부를 수립하는 방향으로 한반도 정책을 바꾸었다. 이에 미국이 주도한 유엔이 인구비례에 따른 남북한 총선거 실시를 결정하고, 이후 소련과 북한이 유엔한국임시위원단의 입북을 거절하자 유엔소총회는 남한만의 총선거를 결정하였다.

이에 김구, 김규식 등은 민족 분단을 막으려고 북한과의 협상을 꾀해 1948년 북한에서 남북요인회담을 가졌지만, 남북분단으로 기운 물길을 막을 수 없었다.

1948년 5월 10일 남한에서는 김구를 제외한 우익이 주로 참여한 가운데 단독선거가 실시되었으며 7월 17일 헌법을 공포하고 8월 15일 정부수립을 선포하였다.

북한도 1947년 북조선인민위원회를 구성하고 남한에서 단독정부가 수립되자 1948년 8월 21일 해주에서 인민대표자대회를 열어 대의원을 선출하고 9월 2일 평양에서 최고인민회의를 열어 헌법을 제정한 후 9월 9일 조선민주주의인민공화국 수립을 선포했다.

이로써 한반도는 미소대립과 국내 정치 세력의 이해 대립 속에서 분단으로 귀결되었으며 급기야 1950년 북한 인민군의 총공세로 한국전쟁이 발발하게 된다. 3년간에 걸친 한국전쟁은 1953년 7월 27일 휴전협정의 체결로 막을 내렸지만, 국토가 초토화 되는 등 막대한 인명 피해와 경제적 손실이 있었다. 또한 전쟁 이후 강화된 이데올로기는 남북한 정권을 강화시키는 구실을 하였으며 오히려 분단을 더욱 고착화시켰다.

2 4·19혁명

1950년 5월 30일 총선거에서 210석 가운데 겨우 30석을 얻은 이승만 정권은 국회의원의 간접선거로 선출하는 대통령선거에서 다시 당선될 가능성이 없어지자 대통령 직선제 개헌을 서둘렀다. 1952년 5월 자유당은 공비토벌 등을 목적으로 부산 일대 계엄령을 선포하여 경찰과 군으로 국회를 포위하고 내각제를 찬성하는 야당의원을 체포 감금한 후 발췌개헌안을 작성하여 이를 7월 기립표결에 의해 강제적으로 통과시켰다(발췌개헌). 개정된 헌법에 따라 8월 이승만이 제2대 대통령에 당선되었다.

1954년 5월 실시된 제3대 총선거에서 자유당이 크게 승리하자 이승만은 장기집권을 도모하고자 국회에 초대대통령에 한하여 3선 제한을 철폐한다는 내용의 개헌안을 제출했다. 개헌안은 재적의원 203명 가운데 135명이 찬성하여 개헌선에서 1표가 모자라 부결되었다. 그러나 이틀 뒤 자유당은 사사오입하면 135표라는 억지 논리로 통과를 선언했다(사사오입개헌).

1956년 5월에 실시된 제3대 정부통령 선거에서는 '못살겠다 갈아보자'는 민주당의 선거구호가 민심을 크게 파고들었다. 민주당 후보인 신익희의 돌연한 서거로 대통령에 이승만, 부통령에 민주당 후보인 장면이 당선되었다. 또한 대통령 후보로 나선 무소속의 조봉암이 총투표수의 약 30%를 얻는 커다란 이변이 일어났다. 이러한 국민적 지지를 바탕으로 1956년 조봉암은 혁신정당을 표방한 진보당을 창당하였고 평화통일론을 내세우며 이승만의 북진통일론에 정면으로 도전하였다. 그러자 1958년 진보당의 강령, 정책이 북한의 주의, 주장과 같고 조봉암 등 진보당 간부들이 간첩이라는 혐의를 씌워 결국 당은 불법화되었고 조봉암은 사형을 당하였다.

1960년 3월 제4대 정부통령 선거에서 조병옥 후보의 서거로 이승만이 대통령에 당선되었으나 부통령에 이기붕을 당선시키기 위해 3·15 부정선거가 자행되었다. 이처럼 자유당의 치밀한 사전 계획하에 부정선거가 치러지자 이에 격분한 학생과 시민들이 독재 정권 타도와 부정선거를 규탄하는 4·19혁명을 일으켰다. 경찰이 시위 군중에게 총을 발포하는 등 많은 희생이 따랐으며 상황이 불리하게 돌아가자 결국 이승만은 하야 성명을 발표하고 하와이로 망명하였다.

4·19혁명은 학생과 시민이 중심이 되어 독재정권을 무너뜨린 민주 혁명으로 이로 인해 민주주의의 새로운 발전이 이루어졌다.

3 5·16과 유신체제

과도정부는 1960년 6월 내각책임제로 개헌을 하고 7월 29일 총선거를 수립하여 윤보선을 대통령으로 하는 장면 내각의 제2공화국을 수립하였다.

그러나 장면정권은 4·19혁명으로 분출된 국민의 요구를 제대로 받아들이지 못하고 철저한 민주화와 혁명완수를 요구하는 시위를 '반공법'과 '데모규제법'을 만들어 막으려고 하였으며 민주당도 신파와

구파로 나뉘어 파벌싸움을 벌였다.

학생세력과 일부 혁신세력은 남북의 적대관계를 철폐하는 민족통일이 무엇보다도 필요하다고 생각하고 민족분단을 해결하고자 통일운동에 힘을 쏟았다. 1961년에는 통일운동 열기가 높아져 5월에는 민족통일연맹 대의원대회에서 남북학생회담을 제의하였고, 민족자주통일중앙협의회 주최로 통일촉진 궐기대회가 열렸다.

그러나 민주주의와 민족통일을 지향한 4·19혁명은 이후 반공을 국시로 한 5·16군사쿠데타로 인해 미완의 혁명이 되고 말았다.

1961년 5월 16일 박정희를 중심으로 한 일부 군부세력이 군사정변을 일으켜 정권을 잡고, 즉각 헌정을 중단한 뒤 국가재건최고회의를 구성하여 군정을 실시하였다.

쿠데타 세력은 민정이양에 대비하여 민주공화당을 조직했으며 강력한 대통령 중심제의 새 헌법을 마련한 군정은 1963년 민정이양 일정을 제시하였다. 군 복귀를 약속했던 박정희는 1963년 8월 육군 대장으로 진급한 날 군복을 벗고 다음날 공화당의 대통령 후보로 나섰다.

1963년 10월 제5대 대통령 선거에서 민주공화당 후보인 박정희가 민정당 후보인 윤보선을 근소한 차이로 앞질러 당선됨으로써 제3공화국이 수립되었다.

조국근대화를 기치로 내건 박 정권은 성장 위주의 경제정책을 채택하였는데, 이를 실현시키기 위해 미국의 지지와 경제개발에 필요한 자본과 기술이 시급했다. 이 무렵 미국은 일본의 자본주의를 중심으로 북방 사회주의권에 대항하는 지역통합전략을 마련하고자 한국에 강력한 반공정부 구축과 한일국교정상화를 요구했다. 이는 박 정권에게 미국의 지지와 경제개발에 필요한 자본과 기술을 지원받을 수 있는 기회가 되기도 했다.

한일협상이 시작되자 국민의 관심은 과거 식민지배에 대한 일본의 사과와 손해배상, 즉 대일 청구권 문제 등에 집중되었다. 그러나 굴욕적인 회담이라는 사실이 알려지면서 국민들은 거세게 반대했다(6·3시위). 박 정권은 비상계엄을 선포하고 휴교령을 내린 강압적인 분위기 속에서 결국 1965년 6월 한일협정을 체결하였다.

또한 미국의 베트남 파병 요청의 대가로 한국군 장비의 현대화와 경제개발을 위한 차관 제공 약속을 받고 1965년부터 1970년대 초까지 베트남 전선에 군대를 파견하였다.

베트남 특수에 힘입은 경제발전 덕분에 박정희는 1967년 제6대 대통령 선거에서 윤보선을 누르고 당선되었다. 6월 실시된 제7대 국회의원 선거에서 공화당은 부정선거의 시비 속에서 국회의원 재적수의 2/3를 넘는 129석을 차지하였다.

개헌선을 확보한 박 정권은 장기집권을 위한 3선 개헌을 꾀했다. 1968년 6월 서울대학교 법대생 500여 명이 '헌정수호 성토대회'를 개최한 이래 1969년 12월까지 야당과 재야, 대학생들의 개헌 반대운동이 일어났다. 그러나 결국 1969년 9월 야당 의원들을 제외하고 3선개헌안을 변칙적으로 통과시킨 후 국민투표에 의해 확정되었다.

1971년 제7대 대통령 선거에서 박정희는 신민당의 김대중 후보를 누르고 재집권하였으나 국회의원 선거에서는 공화당이 113석, 신민당이 89석을 차지하여 박 정권의 독주를 견제할 수 있는 힘을 얻게 되었다.

국제적으로 1960년대 후반부터는 데탕트의 분위기 속에서 미국과 일본이 중국과 국교를 정상화하는 등 정세의 변화가 있었다. 또한 국제

원유파동으로 경제 불황에 직면하자 냉전과 분단체제에 기대어 반공과 경제성장을 무기로 정권을 유지하던 박 정권은 정치적 위기에 직면하였다.

1971년 12월 안보를 구실로 장기집권을 보다 확실히 하기 위하여 비상사태를 선포하고 국회에서 통과된 '국가보위에 관한 특별조치법'을 소급적용하여 헌법 기능도 정지시킬 수 있는 초헌법적 비상대권을 갖게 되었다.

한편, 남북대화에 대한 미국의 종용과 경제성장으로 자신감을 얻은 박 정권은 1970년 8·15선언을 시작으로 1971년 남북이산가족 찾기 운동, 1972년 남북적십자회담 등을 추진했다.

1972년 7월 4일 남북한 당국자간의 합의로 '자주, 평화, 민족대단결'의 평화통일 3대원칙을 핵심 내용으로 하는 7·4남북공동성명을 발표하였다.

그러나 박 정권은 1972년 10월 비상계엄을 선포하고 국회를 해산하고 정치활동을 금지한 후 10월 유신을 선포하였으며, 북한도 사회주의 헌법을 제정하여 수령의 유일체제를 강화하는 등 김일성의 절대 권력을 제도화하였다. 결국 통일논의는 자신의 권력기반 강화와 체제유지에 이용하려는 남북한 권력자들의 정치적 의도로 인해 그 빛을 잃게 되었다.

유신체제는 통일주체국민회의에서 대통령을 간접 선출토록 하여 종신집권을 가능하게 하였으며 국민의 참정권이 부정되고 입법부, 사법부도 행정부에 종속되는 체제였다.

박 정권은 유신체제에 대한 국민의 저항을 긴급조치로 탄압하였으며 헌법 개정논의를 금지시키고 비상군법회의를 두어 위반자를 처벌하였다. 결국 민청학련 사건, 3·1민주구국선언 발표, YH 무역 시위,

부마항쟁 등 민주화운동과 유신정권의 탄압이 계속되는 가운데 1979년 10월 26일 중앙정보부장 김재규가 박정희를 시해함으로써 유신체제는 종결되었다.

4 민주화 운동

10·26사태 이후 1979년 12월 6일 국무총리였던 최규하가 통일주체국민회의를 통해 제10대 대통령으로 선출되었다. 국민들은 유신체제와 군부독재를 끝내고 민주정부의 등장을 기대했지만, 12월 12일 전두환을 중심으로 한 신군부가 쿠데타를 일으켜 정치실권을 장악하였다. 신군부 세력은 비상계엄령을 유지하면서 집권 준비를 하고 있었고 합동수사본부장인 전두환은 중앙정보부장까지 겸하면서 권력을 강화하였다.

1980년 민주화를 요구하는 학생들의 요구가 분출되면서 '서울의 봄'을 맞이했지만, 신군부 세력은 5월 17일 계엄령 확대를 실시하여 정치적 통제로 억압하였다.

특히 5월 18일 광주에서는 신군부 집권에 반대하고 군사독재에 항거하는 시위에서 공수부대원의 과잉진압으로 인해 많은 사상자가 나왔다. 5월 21일에는 공수부대원의 집단발포가 있었고 시민들이 일시적으로 공수부대를 몰아냈으나, 5월 27일 계엄군에 의해 도청진압이 이루어지기까지 10일 동안 수많은 시민과 학생들이 희생되었다.

5·18민주화운동은 1970년대 이래 쌓인 반독재민주화운동의 연장으로 1980년대 민주화운동의 토대가 되었고 학생운동의 새로운 전환점이 되었다.

광주항쟁을 무력 진압한 전두환의 신군부는 1980년 5월 31일 국가보위비상대책위원회를 만들어 정치인의 활동을 규제하는 등 정권찬탈을 위한 준비에 들어갔다. 8월에 최규하가 대통령에서 사임하고 전두환이 통일주체국민회의에서 제11대 대통령으로 선출되었다. 10월에는 개헌작업이 추진되어 대통령 임기 7년의 단임제와 대통령 선거인단

광주 5·18민주화운동 기념탑

에 의한 간접선거 등 유신헌법을 일부 수정한 신헌법을 제정하였다. 이에 1981년 민주정의당의 전두환을 제12대 대통령으로 하는 제5공화국이 출범하였다.

전 정권은 언론사를 통폐합하고 민주화운동을 강경 진압하는 정책을 취해 반공법을 통합한 국가보안법을 만드는 등 강력한 탄압정책으로 일관했다. 반면, 통행금지 해제와 중고등학교 교복자율화, 프로야구 실시 등 유화정책을 실시하기도 하였다.

1985년 후반에는 야당과 재야 세력이 대통령직선제 개헌 운동을 전개하였으며 1987년 초 박종철 고문치사 사건으로 정권의 부도덕성이 드러나면서 전 정권을 위기로 몰아갔다. 이러한 위기 속에 4 · 13 호헌조치가 발표되자, 6월 10일 학생과 시민들은 호헌철폐와 독재타도를 주장하며 시위를 전개하였고 이 과정에서 이한열 사망 사건이 발생하여 시위는 격렬하게 확산되었다.

6월 민주항쟁 결과 5년 단임의 대통령직선제로 헌법이 개정되어 1987년 12월 대통령 선거가 실시되었다. 야권의 김대중과 김영삼의 후보 단일화 실패로 인하여 민정당의 노태우 후보가 당선되었다.

국회는 여소야대 국면이 되어 국회에서 '5공청문회'를 열고 전두환 등의 신군부 쿠데타와 광주문제, 전두환 일가의 비리를 단죄하려 하였다. 노 정권은 전 정권과의 차별성을 부각시켜 정치적 입지를 확보하려고 했다. 여소야대 국면에서 계속 끌려가던 노 정권은 1990년 김영삼, 김종필과 더불어 3당 합당을 선언하며 민주자유당을 창당했다.

보수 대연합으로 정국을 뒤집은 노 정권은 88 서울 올림픽과 사회주의권의 붕괴를 계기로 북방정책을 추진하였다. 소련 등 동구권 및 중국과 수교를 하고 북한과의 관계개선에 나섰다. 이에 1991년 9월

18일 남북한이 유엔에 동시가입하고 12월 13일에는 남북한이 화해 및 불가침, 교류협력 등에 관한 합의서를 체결하였다.

5 민주주의의 진전과 통일정책

1992년 12월 실시한 대통령 선거에서 민간인 출신인 민주자유당의 김영삼이 당선되었다. 문민정부는 정권 초기 국민적 지지를 바탕으로 공직자 재산등록, 금융실명제 실시, 지방자치제의 전면 실시 등 일련의 개혁정책을 시행하였다. 또한 12·12사태를 쿠데타로 규정하고 1995년에 반란 내란죄 혐의로 노태우, 전두환을 구속 기소하였다.

그러나 1996년 2월 민주자유당에서 신한국당으로 이름을 바꾼 여당은 그해 12월 정리해고제, 변형근로시간제 등 노동시장 유연화를 내세우며 노동법을 날치기로 통과시켜 국민들의 저항에 부딪쳤다. 1996년에는 경제개발협력기구(OECD)에 가입하고 시장 개방 정책을 추진하다가 국제경제 여건 악화와 외화부족으로 1997년 외환위기를 맞게 되었다. 이는 그동안 쌓여왔던 한국경제의 구조적 모순이 폭발한 것으로 11월 21일 국제통화기금(IMF)에 구제금융 지원을 요청하면서 경제주권이 심각하게 위축되었다.

1997년 12월 대통령선거에서는 새정치국민회의의 김대중 후보가 여당 후보인 이회창을 물리치고 대통령에 당선되어 헌정사상 최초의 수평적 정권의 교체가 이루어졌다. 그러나 당시 김대중은 자유민주연합을 창당한 김종필과 연립정부와 내각제 실시를 약속하고 선거에 승리했기 때문에 지역주의의 한계를 벗어나지 못하였다.

국민의 정부로 출범한 김대중 정부가 가장 먼저 해야 할 일은 외환위기 극복이었다. 결국 IMF가 제시한 신자유주의 방향에서 구조조정을 단행하여 단기간에 외환위기에서 벗어났다. 하지만, 그 과정에서 신자유주의 정책이 고착화되면서 수많은 노동자들이 해고되거나 비정규직 노동자가 되었다.

한편 국민의 정부는 남북의 화해와 협력, 공존과 평화를 위한 대북화해 협력정책(햇볕정책)을 적극 추진했다. 1998년 현대그룹 회장인 정주영의 소떼 방북에 이어 11월 18일 금강산관광사업이 시작되었다. 이를 계기로 2000년 6월 15일에는 남북정상회담이 실시되어 한반도의 통일과 평화정착, 민족의 화해와 단합, 남북 간의 교류와 협력 등이 논의되었고 6·15남북공동선언의 결실을 얻었다.

개성공단

2002년 12월 19일 치러진 제16대 대통령선거에서 여당인 새천년민주당의 노무현 후보가 당선되었다. 향후의 국정운영에 국민의 참여가 핵심 역할을 할 것이라는 의미를 갖고 있는 참여정부는 정경유착과 단절, 권위주의 청산, 시민사회 성장 등을 추진하였다. 2003년에는 6·15남북공동선언 이후 남북교류협력의 하나로 추진되었던 개성공단이 착공되어 남측의 자본과 북측의 노동력이 결합한 남북교류협력의 새로운 장을 마련하였다. 이후 2007년 제2차 남북정상회담을 통해 남북관계 발전과 평화번영을 위한 10·4남북공동선언을 발표했다.

6 건국대학교의 역사

본교 설립자 상허 유석창 박사는 고도의 문화국가를 건설하기 위해서는 현대화된 산업국가가 건설되어야 하고, 모든 국민이 잘 살 수 있는 경제국가로 전환될 때 비로소 우리가 염원하는 복지국가로 나아갈 수 있다는 신념을 가지게 되었다. 이것을 이룩하기 위해서는 진실하고 부지런하고 용기 있는 국민성을 갖추고, 과학과 기술의 비약적인 발전이 필요하다고 생각하였다.

모든 국민이 이러한 기본적인 조건을 갖추기 위해서는 우선 그 사명을 수행할 선도적인 인재 양성이 필요하다고 느낀 유석창 박사는 이를 위한 교육 사업에 그의 여생을 바치기로 결심하였다.

영재를 모아 인간교육에 치중하여 성誠·신信·의義의 덕성을 기르

건국대학교 글로컬캠퍼스 전경

며, 진실하고 부지런한 용기 있는 개척자적인 정신을 가진 인격을 배양하는 동시에, 고도의 과학과 기술로 무장하여 새로운 시대의 역사적 사명을 실천하는 유능한 선도자를 배출하고자 하였다.

상허 유석창 박사는 일제 말기에 민족 대표 33인을 중심으로 언론계와 종교계 등 사회 각 층의 대표 45인의 성원을 얻어 창립한 민중병원을 모태로 하여 1946년 5월 15일 조선정치학관(현 낙원동 건국빌딩)을 설립하였다. 1949년 9월 정치대학으로 승격하였고, 1959년 2월에는 종합대학교인 건국대학교로 승격 발전하였다. 1963년 6월에는 재단법인을 학교법인으로 변경하였다.

1970년대 중반에 정부는 늘어나는 대학 지원자들을 수용하고 수도권 인구 집중을 억제하기 위한 방안의 일환으로 서울 소재 대학들의 지방 캠퍼스 설립을 적극 권장하였다. 이에 부응하여 본교도 1978년도에 지방 캠퍼스 설립계획을 수립하고 학교 부지를 물색하기 시작하였다. 그때 건국대학교 충주동문회에서 충주가 내륙 중심에 위치하고 있으며, 장차 교육과 문화, 관광 도시로 발전할 가능성이 있는 지역이라는 점을 내세워 충주지역의 설립을 법인 이사장과 총장에게 요청해 왔다.

1979년 3월 14일 유승윤 이사장이 충주를 방문하여 예정 부지를 직접 답사하고 검토한 후, 충주시 단월동 산 21번지 일원을 설립지로 확정하였다. 마침내 1979년 9월 18일 문교부로부터 설립 인가가 나왔으며, 1980년 3월 5일 개교 당시 입학정원은 8개 학과에 총 400명이었다.

현재 건국대학교는 180여만 평의 교지를 확보하고 5개 수익 사업체를 두고 있으며 17개의 대학원과 21개 단과대학(서울캠퍼스는 대학원 13개와 단과대학 15개, 글로컬캠퍼스는 대학원 4개, 단과대학 6개)으로 구성되었고, 사범대학 부속 중학교와 고등학교를 유지, 경영하고 있다.

▌건국대학교 연표

1946. 5. 15.	조선정치학관으로 개교
1948. 5. 15.	재단법인 조선정치학원 조선정치대학관 설립 인가
1949. 9. 9.	재단법인 정치학원 및 정치대학 설립 인가
1949. 11. 11.	학교법인 유석창 이사장 취임
1956. 10. 19.	서울특별시 성동구 모진동 신축교사로 대학 이전
1959. 2. 26.	종합대학 건국대학교 설립 인가
1959. 3. 31.	초대 총장에 유석창 박사 취임
1962. 1. 15.	제2대 총장 정대위 박사 취임
1968. 11. 5.	제4대 총장 문희석 박사 취임
1971. 1. 6.	제5대 총장 곽종원 박사 취임

1972. 1. 1.	설립자 상허 유석창 박사 서거(사회장)
1974. 1. 1.	설립자 상허 유석창 박사 동상 건립
1979. 9. 18.	충청북도 충주시에 충주대학 설립 인가
1980. 3. 5.	충주대학 개교(8개 학과에 입학정원 400명)
1980. 3. 29.	제8대 총장 조일문 박사 취임
1981. 3. 1.	6개 학과(법학과, 행정학과, 임학과, 원예학과, 가정관리학과, 의상학과) 증설 입학정원 910명
1982. 3. 6.	113학군단 충주분단 설치(모집정원 20명)
1982. 8. 25.	충주대학 인문사회학관 준공
1983. 3. 1.	제9대 총장 권영찬 박사 취임 농기계학과 증설(15개 학과에 입학정원 1,040명)
1984. 2. 13.	충주대학을 인문과학대학·사회과학대학·자연과학대학으로 분리 개명하고, 부총장 제도를 신설하였으며(1984년 1년간 사회과학대학 황대석 학장이 대표학장으로서 부총장 임무를 수행하였음), 행정부서도 2개의 처(사무처, 교학처)를 신설하여, 사무처에는 총무과와 경리과를 두고, 교학처에는 교무과와 학생과를 두었음
1984. 2. 21.	충주캠퍼스 자연과학관 준공
1984. 3. 1.	3개 학과(도서관학과, 신문방송학과, 공예학과) 증설 전체 입학정원 1,170명
1984. 12. 15.	충주캠퍼스 학생복지회관 준공
1985. 3. 1.	충주캠퍼스 초대 부총장 현두일 박사 취임
1985. 3. 1.	3개 학과(농업경제학과, 생화학과, 산업미술학과) 증설 전체 입학정원 1,352명
1985. 9. 6.	충주캠퍼스 교문 준공
1986. 3. 1.	충주캠퍼스 자연과학대학 의예과 신설(仁術精神 구현 기반 확립)
1986. 11. 6.	충주캠퍼스 의과대학 설립 인가
1986. 12. 1.	직제 개편(충주 교학처를 제2교무처, 제2학생처로 분리)
1986. 12. 20.	의과대학 및 자연과학관 준공

1987. 5. 15. 충주캠퍼스 중원도서관 준공

1987. 11. 9. 충주캠퍼스 지역개발대학원 설립 인가(지역개발학과 입학정원 80명)

1988. 3. 1. 3개 학과(사회복지학과, 응용수학과, 환경미술학과) 증설
전체 입학정원 1,250명

1988. 8. 10. 제11대 총장 김용한 박사 취임

1988. 8. 20. 충주캠퍼스 의과대학 교사 준공

1989. 3. 1. 3개 학과(분자생물학과, 회화학과, 의학공학과) 증설
전체 입학정원 1,360명

1989. 3. 1. 지역개발대학원 기업경영학과 신설(입학정원 95명)

1989. 7. 30. 충주캠퍼스 학생회관 준공

1989. 9. 1. 충주캠퍼스 '건대학보' 발간(서울캠퍼스의 '건대신문'과 분리 독립)

1990. 3. 1. 학과 명칭 변경(자연과학대학 농업기계학과가 농업기계공학과로, 예술대학의 산업미술학과가 산업디자인학과로, 환경미술학과가 실내디자인학과로, 의상학과가 의상디자인학과로 명칭이 변경되었음)

1990. 8. 17. 제12대 총장 안용교 박사 취임
충주 소재 의료법인 신라병원 이사장에 학교법인 유승윤 이사장 취임

1991. 3. 1. 인문과학대학 러시아학과 신설(40명)

1991. 7. 12. 충주캠퍼스 직제를 총무처, 교무처, 학생처로 개명하고, 기획조정처와 기획과 신설, 총무처에 관리과 신설, 중앙도서관 분관을 중원도서관으로 개명)

1992. 3. 1. 지역개발대학원을 사회과학대학원으로 개명

1992. 4. 27. 충주캠퍼스 모시래학사 여학생 기숙사 준공

1992. 7. 31. 충주캠퍼스 예술대학 증축

1993. 2. 1. 제13대 총장 정호권 박사 취임

1993. 10. 20. 충주캠퍼스 종합강의동 준공

1994. 3. 1. 야간에 3개 학과 신설(법학과 40명, 응용물리학과 40명, 응용화학과 40명) 전체 입학정원 1,530명

1994. 9. 1.	제14대 총장 윤형섭 박사 취임
1994. 10. 13.	충주캠퍼스 전자계산소 설치
1994. 11. 1.	의과대학에 교학부장 직제 도입
1995. 3. 1.	사회과학대학원에 교육행정학과가 신설되고, 자연과학대학의 임학과가 산림과학과로 명칭이 변경됨
1995. 9. 1.	자연과학대학에 건국대학교 부설 전문농업인 최고경영자과정 신설
1996. 3. 1.	2개 학과 증설(전산과학과 50명, 간호학과 30명) 전체 입학정원 1,590명
1996. 7. 11.	사회교육원 신설(평생교육원으로 명칭 변경)
1997. 1. 7.	충주캠퍼스 모시래학사 여학생기숙사B동 증축
1998. 4. 17.	충주캠퍼스 종합강의동 증축
1998. 7. 9.	충주캠퍼스 사회교육원 준공
1998. 9. 1.	제15대 총장 맹원재 박사 취임
1999. 7. 12.	충주캠퍼스 행정관 준공
1999. 8. 25.	충주캠퍼스 건국체육관 준공
2002. 1. 30.	충주캠퍼스 모시래학사 여학생기숙사 증축
2002. 9. 1.	제16대 총장 정길생 박사 취임
2003. 5. 13.	사회과학대학 경상학부 무역학전공 산업자원부가 TI 사업단으로 선정
2003. 7. 1.	모토 공표 "시대를 앞서는 지성, 세계를 향한 도전"
2003. 9. 5.	행정조직 개편(팀제 시행)
2003. 9. 5.	교무처 교수학습지원센터 신설
2004. 3. 1.	산학협력단 신설
2004. 9. 1.	교무처 입학관리팀 신설
2004. 12. 10.	민자유치 제2생활관 착공(800여 명 수용)
2005. 2. 22.	대외협력처 신설
2005. 3. 1.	의료생명대학 신설, 의학전문대학원 설립(신입학 40명)
2005. 3. 3.	공동연구동 및 복합실습동 준공
2005. 8. 1.	건국대학교병원(서울) 신축 개원
2006. 9. 1.	제17대 총장 오명 박사 취임
2008. 11. 26.	입학전형연구실 신설

2009. 12. 16.	건국어린이연구학원 신설
2010. 9. 1.	제18대 총장 김진규 박사 취임
2010. 10. 21.	대외협력처 한국어교육센터 신설
2011. 4. 26.	〈명칭변경〉 충주캠퍼스 → GLOCAL(글로컬)캠퍼스 충주부총장 → GLOCAL부총장
2012. 1. 11.	〈신설〉 산학협력집중교수 스마트생명공학연구소, 도시행정연구소, 신흥국글로벌기업연구소, 글로컬문화전략연구소, KU커뮤니케이션연구소
2012. 9. 1.	제19대 총장 송희영 박사 취임
2014. 1.	교원확보 및 학생충원율 최우수평가(1위)

참고문헌

강만길, 『고쳐 쓴 한국현대사』, 창작과 비평사, 1994

건국대학교, 『건국대학교 요람 2014』, 2014

국사편찬위원회, 『한국사』 52, 2013

문정인, 『1950년대 한국사의 재조명』, 선인, 2004

서중석, 『한국현대민족운동연구』, 역사비평사, 1991

송찬섭 외, 『한국사의 이해』, 방송대출판부, 2012

역사문제연구소, 『분단 50년과 통일시대의 과제』, 역사비평사, 1995

찾아보기